子どもに大人気

手あそび 指あそび
〈改訂版〉

男子　幸直博正雄芳靖万　常
子　男子博正雄芳靖万里子雄

吉野　幸男
澤田　直子
木村　博雄
相澤　保正
石井　芳雄
松原　靖子
松村　万里子
田中　常雄

ドレミ楽譜出版社

まえがき

　本書は初版以来、多くの方々に活用されてきましたが、この度、内容をさらに充実させるために改訂版を発刊しました。

　改訂にあたっては、乳児対象の遊びを増やしたこと、遊び歌の一部を人気の高い遊びに差し替えたこと、そして、説明不足と思われる遊び方の説明文やイラストを、より分かりやすくしました。

　リズムにのって体を動かすことは、大変楽しいものです。更に、メロディが付いていると体の動きが一層なめらかになり、感情も表わしやすくなります。このことは、舞踊やラジオ体操の例からも、そして、手あそび・指あそびなどからも言えるでしょう。

　子どもたちは、保育者と一緒に歌いながら体を動かして遊ぶ手あそびや指あそびが大好きです。これらの遊び歌を通して、子どもたちが心身や言葉の発達、想像と創造の力、そして、協調性と社会性など、更には音楽的能力をも身に付けることができればと、我々は願うものです。

　本書の特色は次の6点にあります。使用上の参考にしてください。

1. 東京から北海道までの125名の幼稚園と保育所の先生方（経験年数3年以上。平均10年）のアンケート調査を基に、どのような遊び歌が子どもに人気があるのかなどを参考にして選曲しました。
2. 遊び歌は、日本古来の伝承的遊びと現代的感覚にマッチした遊びの両方をバランスよく取り上げました。
3. 0歳から3歳位までを対象とした遊び歌も取り上げました。
4. おおよその対象年齢を左ページの肩に記し、取り扱いやすくしました。
5. 遊び歌には、いくつかのバリエーションを紹介し、遊びの発展例を示しました。これにより、本書で取り扱う遊び歌の数が増加しております。
6. 遊び歌には「指導のポイント」の欄を設け、参考までに指導上の助言を述べました。

　今や、手あそび・指あそびなどの遊び歌は、幼稚園や保育所の子どもだけではなく、特別養護老人ホームや老人保健施設などでお年寄りにも活用されています。

　効果としては、顔の表情がよくなった、指が動くようになった、手のしびれがなくなった、体が動くようになってきたなど痴呆の予防ないしは機能回復訓練になっていますが、なによりも、集団で楽しめることがお年寄りの生きがいになっていることなどが挙げられます。このようなことは、障害児・者に対しても同様です。

　本書が、乳幼児からお年寄りまでの遊び歌として、保育者を志す学生のみなさんや保育に携わっている方々、更に、施設の職員の方々など広く活用されることを願っています。

　おわりに、アンケートにご協力を頂戴しました125名の先生方に、また、本書の出版に際し、特別なご配慮とご協力をいただきましたドレミ楽譜出版社の小玉克之編集部長・今泉登貴子女史に厚くお礼を申し上げます。

執筆・編集代表　吉野幸男

♫♫♫♫♫♫♫ も く じ ♫♫♫♫♫♫♫

（0歳〜3歳）

ハナハナハナ	8
ちょちちょちあわわ	10
ここはとうちゃんのにんどころ	12
一本橋コチョコチョ	14
おでこくちゅくちゅ	16
ぼうずぼうず	17
まほうのゆび	18
まほうのつえ	19
1のゆびとうさん	20
エレベーター	21
指のかくれんぼ	22
くもちゃんゆらゆら	23
げんこつ山の狸さん	24

八べえさんと十べえさん	26
たまご	28
てんぐのはな	30
ピヨピヨちゃん	32
わたしはねこの子	34

(3歳〜5歳)

とんとんとんとんひげじいさん	36
パン屋さんにおかいもの	38
コロコロたまご	40
頭肩ひざポン	42
糸まき	44
魚がはねて	46

おちたおちた	48
一匹の野ねずみ	50
一匹のカエル	52
一本ばし二本ばし	54
かなづちトントン	56
小さな庭をよく耕して	58
グーチョキパーでなにつくろう	60
ごんべさんの赤ちゃん	62
1丁目のドラねこ	66
ずっとあいこ	68
からだあそびのうた	69
エイトマンゴーゴー	70
頭のうえでパン	72

曲がり角	74
キャベツはキャッキャッキャッ	76
これくらいのおべんとう箱	78
いわしのひらき	80
カレーライス	82
パン屋に五つのメロンパン	84
山小屋いっけん	86
かたづけマン	88
たまごでおりょうり（たまごをポン）	90
ぶたが道をいくよ	92
八百屋のお店	94
くいしんぼゴリラのうた	96
索引（歌いだし五十音順）	99

（0歳〜3歳）

ハナハナハナ

わらべうた

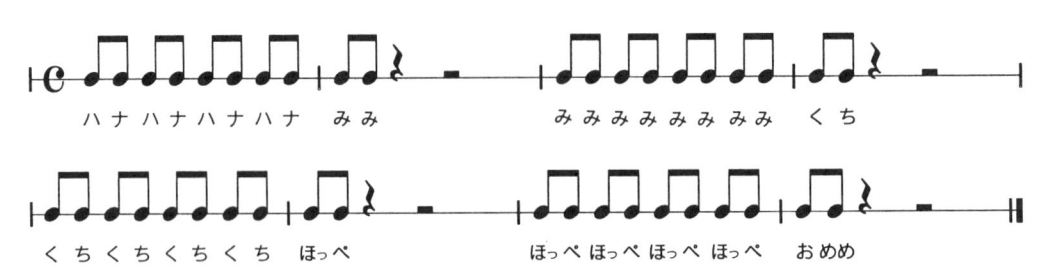

遊び方 人差し指で、鼻、耳、口、頬、目と触れます。

① ハナハナハナハナ
② みみ
   みみみみみみみみ
③ くち
   くちくちくちくち
④ ほっぺ
   ほっぺほっぺほっぺほっぺ

⑤ おめめ

バリエーション１

ハナハナあそび

作詞・作曲　佐倉智子

バリエーション2

てんぐのうちわ

作詞・作曲　阿部直美

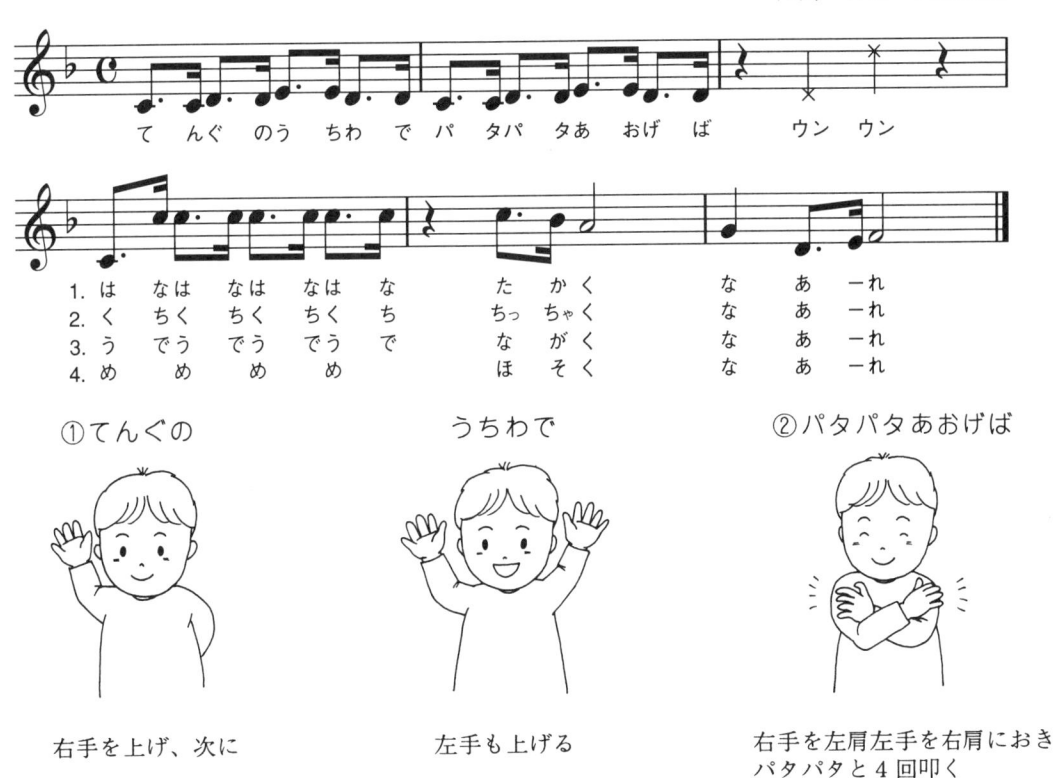

　　て　ん　ぐ　の　う　ち　わ　で　パ　タ　パ　タ　あ　お　げ　ば　　　　ウン　ウン

1. は	な	は	な	は	な	は	な	ち
2. く	ち	く	ち	く	ち	く	ち	
3. う	で	う	で	う	で	う	で	
4. め	め	め	め	め				

た	か	く
ちっ	ちゃ	く
な	が	く
ほ	そ	く

な	あ	ーれ
な	あ	ーれ
な	あ	ーれ
な	あ	ーれ

①てんぐの　　　　　　　　うちわで　　　　　　　　②パタパタあおげば

右手を上げ、次に　　　　左手も上げる　　　　　　右手を左肩左手を右肩におき
　　　　　　　　　　　　　　　　　　　　　　　　パタパタと4回叩く

③ウンウン　　　　　　　④はなはなはなはな　　　⑤たかくなあれ

肘を曲げ2回　　　　　　鼻を4回人差し指で叩く　　左右の手を開いて鼻の
後へ引く　　　　　　　　　　　　　　　　　　　　前につけ伸ばす

2番以降は、④⑤だけを変えます。
（2番）両手を両方の頬につけて口を窄めていきます。
（3番）片方の腕を伸ばしていきます。
（4番）両掌を両方の目じりに添え、横に引っぱります。

指導のポイント

・乳児なら抱いて、1歳以上なら1対1で向き合ってスキンシップを楽しみましょう。
・体の部位のいろいろな箇所に変えて歌いましょう。

(0歳～3歳)

ちょちちょちあわわ

わらべうた

ちょ ち ちょ ち あ わ わ　かい ぐり かい ぐり
とっ と の め　お つ む てん てん　ひじ ぽん ぽん

遊び方

①ちょちちょち

拍子を4回打つ

②あわわ

口を3回叩く

③かいぐりかいぐり

グーを作って
ぐるぐる回す

④とっとのめ

掌を人差し指で突く

⑤おつむてんてん

頭を4回叩く

⑥ひじぽんぽん

肘を3回叩く

バリエーション

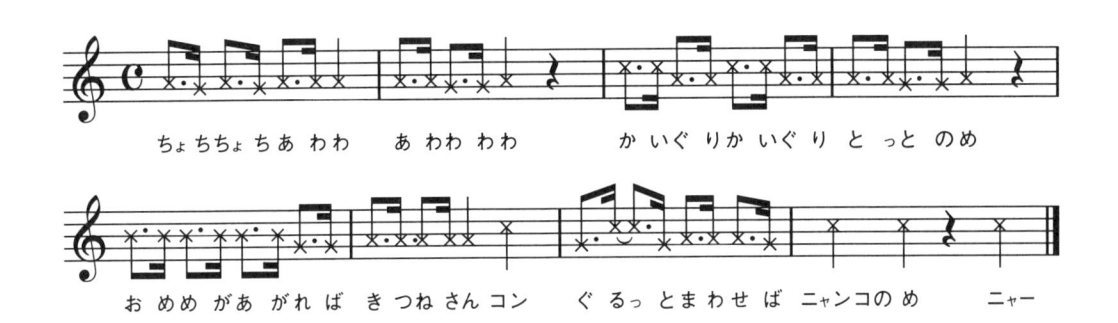

ちょちちょちあわわ　あわわわわ　　かいぐりかいぐり　とっとのめ
おめめがあがれば　きつねさん　コン　ぐるっとまわせば　ニャンコのめ　　ニャー

①②③④は、左頁と同じ

⑤おめめがあがればきつねさん

⑥ぐるっとまわせば
　ニャンコのめ

指導のポイント

・保育者（親）が、子どもを抱いたり向き合ったりして、手をとってスキンシップを
　しながら歌いましょう。
・「おつむてんてん」の後を「おなかぽんぽん」などにアレンジして歌いましょう。

(0歳〜3歳)

ここはとうちゃんのにんどころ

わらべうた

こ こ は とう ちゃん にん どころ こ こ は
かあ ちゃん にん ど こ ろ こ こ は じい ちゃん
にん ど こ ろ こ こ は ばあ ちゃん にん どこ
ろ ほ そ み ち ぬ け て だ い ど う こ ちょこ ちょ

遊び方　・子どもを膝にのせ、顔を覗き込みながら歌います。（語意　にんどころは、似たところの意。だいどうは、「大童」大きな童、大切な童、「大道」大きな道の意）

①ここはとうちゃん
　　にんどころ
　子どもの右頬を突く

②ここはかあちゃん
　　にんどころ
　子どもの左頬を突く

③ここはじいちゃん
　　にんどころ 
　額を突く

④ここはばあちゃん
　　にんどころ 
　あごを突く

⑤ほそみちぬけて 
　鼻筋を撫でる

⑥だいどう 
　顔全体をぐるりと指す

⑦こちょこちょ 
　脇の下をくすぐる

バリエーション1

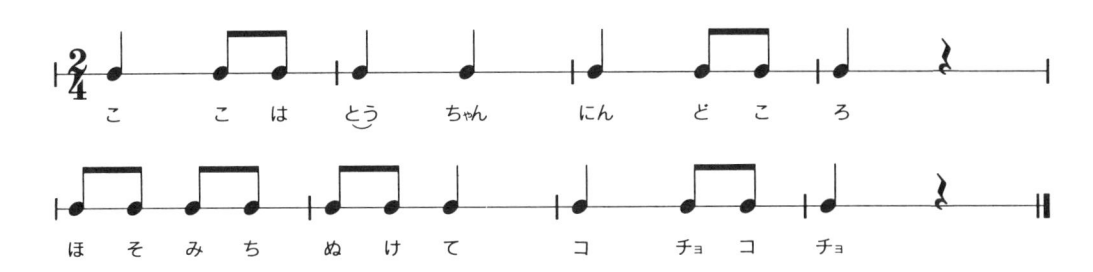

こ こ は とう ちゃん にん ど こ ろ

ほ そ み ち ぬ け て コ チョ コ チョ

バリエーション2

あたごやまこえて

わらべうた

あ た ご や ま こ えて で こ や ま こ えて け む し ざ か お り て

め い しゃ に よって は な いっ ぽん お って ほ う ほう で し か ら れて

く ちおしい こ と よ む ねんな こ と よ お へ そで コ チョコチョ

遊び方　⑧⑨までは人差し指を使ってやります。

① あたごやまこえて　　② でこやまこえて

　子どもの頭をクルリと　　同じようにおでこを
　1回撫でる　　　　　　　1回撫でる

③ けむしざかおりて

両方の眉毛を
1回ずつ撫でる

④ めいしゃによって

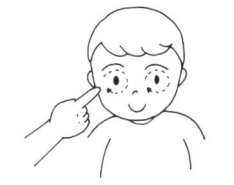

目の周りをクルリと
片方ずつ撫でる

⑤ はないっぽんおって　　⑥ ほうほうでしかられて

　鼻のあたまを撫でる　　　左右の頬のあちこちを
　　　　　　　　　　　　　突くように触る

⑦ くちおしいことよ　　⑧ むねんなことよ　　⑨ おへそでコチョコチョ

　口の周りをまるく撫でる　胸を撫でる　　　　おへそをくすぐる

指導のポイント

・このような顔遊びの曲は、乳児にとって欠かせない曲です。
・優しく話しかけながら、リズミカルに軽く顔に触れながら歌ってあげましょう。
・2〜3歳頃になると、保育者（親）や子どもたち間でも遊べるようになりますが、思いやりをもってスキンシップができるように指導しましょう。

（0歳〜3歳）

一本橋コチョコチョ

わらべうた

いっ ぽん ばし コ チョ コ チョ
た た い て つ ねっ て
かい だん の ぼっ て コ チョ コ チョ コ チョ

遊び方　保育者（親）と子どもが向かい合ってします。

①いっぽんばし　　②コチョコチョ 　　③たたいて

④つねって 　　⑤かいだんのぼって 　　⑥コチョコチョ

指導のポイント

・子どもの手をとって、遊んだり体の各部をくすぐったりすることにより、喜んだり笑ったりする経験を積み重ね、表情を豊かにしていきます。
・保育者（親）と子どものスキンシップを楽しみましょう。
・ジャンケン遊びなどで、負けたときのバツゲームとして使用しても楽しめます。
・ここに挙げた3曲は、少しずつ変化しています。（類似歌が、この他にもたくさんあります）

バリエーション1

いっ ぽん ばし コ チョ コ チョ
た た い て つ く ね っ て
す べ っ て こ の と お り

遊び方

①いっぽんばし
　コチョコチョ

腕をさすって
脇の下をくすぐる

②たたいて

③つくねって

④すべって

肩から手の甲まで腕を擦る

⑤このとおり

両頬を叩く

バリエーション2

人差し指だけでします。

いっ ぽん ば し
に ほん ば し　　　コ チョ コ チョ　　すべっ て たたい て
さん ぼん ば し

つ ね っ て　　かいだんのぼって　コ チョ コ チョ

15

(0歳〜3歳)

おでこくちゅくちゅ

作詞・作曲 阿部 恵

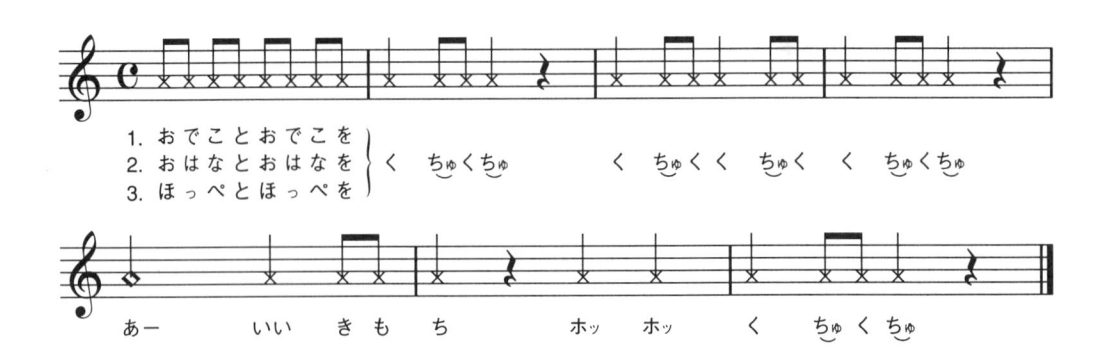

1. おでことおでこを
2. おはなとおはなを　　くちゅくちゅ　くちゅくくちゅく　くちゅくちゅ
3. ほっぺとほっぺを

あー　いいきもち　ホッ　ホッ　くちゅくちゅ

遊び方　赤ちゃんから2歳児頃までの子どもの大好きなスキンシップのあそび歌です。

（1番）

① おでことおでこをくちゅくちゅ
くちゅくくちゅくくちゅくちゅ

おでことおでこを擦り合わせる

② あーいいきもち

抱きしめたり
顔を見合わせたりする

③ ホッホッ

少し高い高いしながら
上下に揺する

④ くちゅくちゅ

おでことおでこを擦り合わせる

（2番）「おはなとおはなを」の後は1番と同じ
（3番）「ほっぺとほっぺを」の後は1番と同じ

指導のポイント

子どもたちは、おんぶしたり、だっこしたり、じゃれついたりが大好きですので、
スキンシップをたくさんしてあげましょう。

(0歳～3歳)

ぼうずぼうず

わらべうた

ぼう ず　ぼう ず　ひ ざ ぼう ず

○ ○○ちゃん の　ぼう　ず　こん にち は

遊び方

子どもを膝の上にのせて遊びます。

①ぼうずぼうずひざぼうず　　②○○○ちゃんのぼうず　　③こんにちは

子どもの膝をなでる　　その子の名前を入れて　　両膝を合わせる
　　　　　　　　　　歌いながら膝を軽く叩く

指導のポイント

スキンシップをして楽しく遊びましょう。

バリエーション

・「おてておてて」「あんよあんよ」「おめめおめめ」「おはなおはな」など、
　体のいろいろなところで遊びましょう。
・「こんにちは」のところは、場所によってはゆっくり打つなどの工夫をしましょう。

（0歳〜3歳）

まほうのゆび

作詞・作曲　湯浅とんぼ

まほうの ゆびだよ ピ ピ ピ ピ
ピ ピ ピ ピ ピ ピ ピ　ピ　ピ　ピ　ピ

遊び方　歌を歌いながら指と指、顔（ほっぺ、鼻など）や体（膝、おなかなど）の
あちこちをピピピピピと、指で触れ合いながら遊びましょう。

①まほうのゆびだよ　　　　　　　ピピピピピピピピ
　　ピピピピピ　　　　　　　　　ピピピピピ

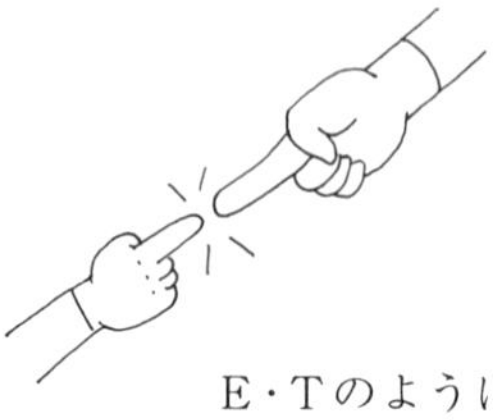

E・Tのように

バリエーション　動物や木、石などにも触ってみましょう。
また、まほうの足やまほうの鼻などでもやって楽しみましょう。

顔、ほっぺ、鼻などに　　木、草、石などに　　猫、犬、うさぎなどに　　まほうの足

指導のポイント

「まほうのゆび」でたくさん楽しんだら、「まほうのつえ」に発展すると楽しいでしょう。

(0歳〜3歳)

まほうのつえ

詞 まどみちお
曲 渡辺 茂

1. まほうの つえですよ　ごにんの こびとさん
2. まほうの つえですよ　ごにんの こびとさん

(自由に) せ が ち ぢ め　せ が ち ぢ め　ち ちん　ぷい
せ が の び ろ　せ が の び ろ　ち ちん　ぷい

遊び方

(1番)

① まほうの つえですよ 
右手の人差し指を指揮棒のように振る

② ごにんの こびとさん 
左手を開いて振る

③ せがちぢめ せがちぢめ
右手の人差し指を左手に向かってぐるぐるまわす

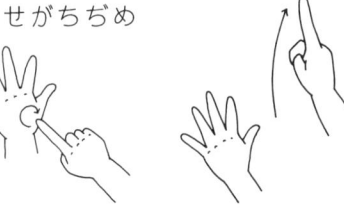

④ ちちーん
右手を左手から離す(振り上げる)

⑤ ぷい 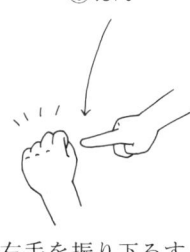
右手を振り下ろすと同時に左手を握る

(2番)

① まほうの つえですよ 
右手の人差し指を指揮棒のように振る

② ごにんの こびとさん 
拳(左手)を振る

③ せがのびろ せがのびろ 
右手の人差し指を拳に向かってぐるぐるまわす

④ ちちーん 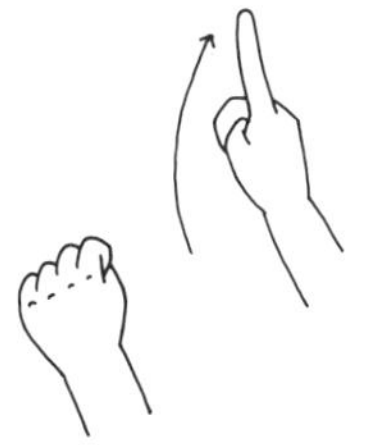
右手を左手から離す(振り上げる)

⑤ ぷい 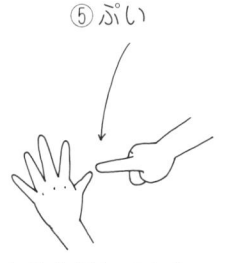
右手を振り下ろすと同時に左手を開く

指導のポイント

・子どもたちを小人さんにして、保育者が魔法をかけ、動物や植物になったりして遊びましょう。
・「ちちん」は「ちちーん」と思わせぶりに延ばして唱えた方が魔法の呪文のようで面白いでしょう。

(0歳～3歳)

1のゆびとうさん

詞　まどみちお
曲　渡辺　茂

1. いち の の ゆ び と う さん
2. に の の ゆ び び か に あ え さん
3. さん の の ゆ び び ね あ え さん
4. し の の ゆ び び ね え さん
5. ご の の ゆ び び あ か ちゃん

お しん ご と とん とん とん とん とん とん
せ い た く を じゃぶ じゃぶ じゃぶ じゃぶ じゃぶ じゃぶ
お け しょ を い ぺら ぺら ぺら ぺら ぺら ぺら
お っ ぱ い ぽん ぽん ぽん ぽん ぽん ぽん
　　　　　　ちゅ ちゅ ちゅ ちゅ ちゅ ちゅ

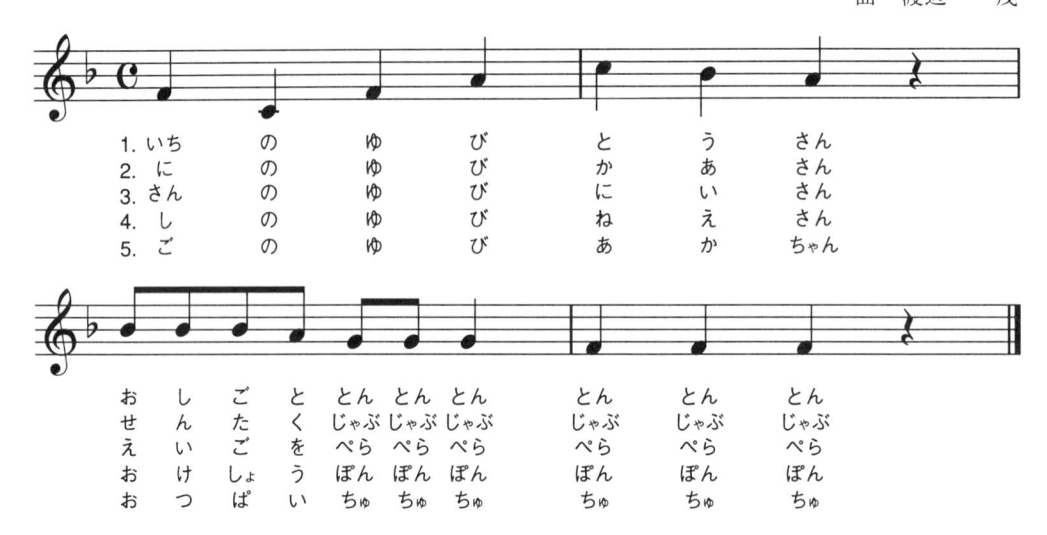

遊び方（1番）
① いちのゆびとうさん　　両手の親指を立てる
② おしごと　　親指を打ち合わせる
③ とんとんとん　とんとんとん　両手を握り拳にして上下交互に打ち合わせる

（2番）
① にのゆびかあさん　　両手の人差し指を立てる
② せんたく　　人差し指を打ち合わせる
③ じゃぶじゃぶじゃぶ　じゃぶじゃぶじゃぶ　両手を握り拳をこすり合わせる

以下同じように
「さんのゆびにいさん」は中指を立てる　　「えいごを」　は中指を打ち合わせる
「しのゆびねえさん」　は薬指を立てる　　「おけしょう」は薬指を打ち合わせる
「ごのゆびあかちゃん」は小指を立てる　　「おっぱい」　は小指を打ち合わせる

（3番）ぺらぺらぺら　ぺらぺらぺら
顔の前で両手のグーパーを繰り返す

（4番）ぽんぽんぽん　ぽんぽんぽん
両手で頬を軽く叩きお化粧の動作をする

（5番）ちゅちゅちゅ　ちゅちゅちゅ
両手を口の前でふくらませたり縮ませたりする

指導のポイント
・乳児の場合は、子どもの手をとって遊ぶようにしてみましょう。
・言葉の意味がわからなくても、擬態語の調子に合わせて手を動かすことが楽しい経験になるでしょう。

(0歳～3歳)

エレベーター

詞　まどみちお
曲　渡辺　茂

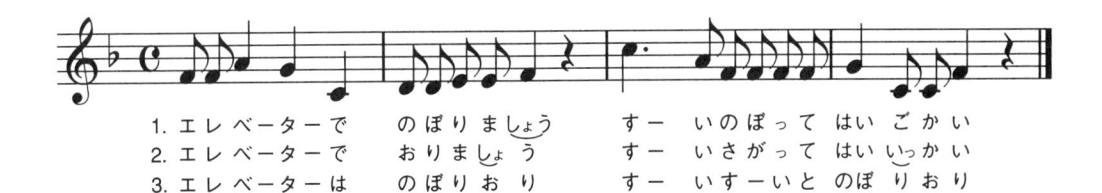

1. エレベーターで　のぼりましょう　すーいのぼって　はいごかい
2. エレベーターで　おりましょう　すーいさがって　はいいっかい
3. エレベーターは　のぼりおり　すーいすーいとのぼりおり

遊び方

（1番）①エレベーターで　②のぼりましょう　③すーいのぼって　④はいごかい

小指（5の指）を
2回触る

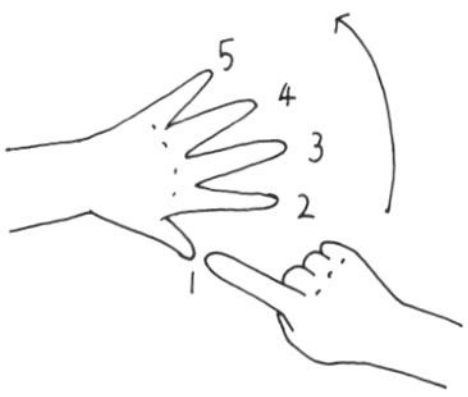

親指（1の指）から
順に4の指まで右手の
人差し指で触っていく

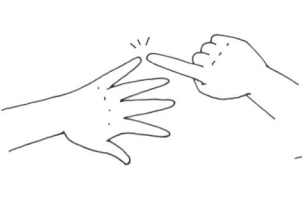

小指（5の指）を
2回触る

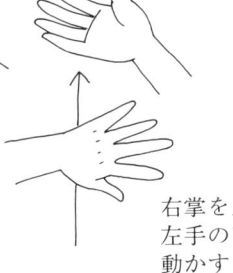

右掌を上に向けて
左手の下から上に
動かす

（2番）①エレベーターで　②おりましょう　③すーいさがって　④はいいっかい

親指（1の指）を
2回触る

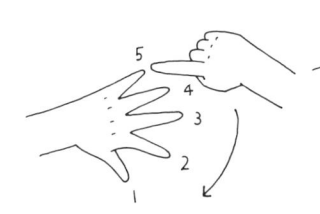

小指（5の指）から
順に2の指まで右手の
人差し指で触っていく

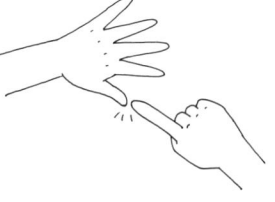

親指（1の指）を
2回触る

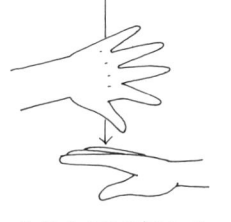

右掌を下に向けて
左手の上から下に
動かす

（3番）

①エレベーターはのぼりおり

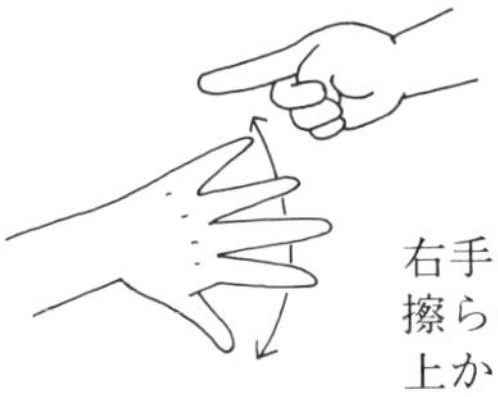

右手の人差し指と左手を
擦らせながら下から上へ
上から下へと2回ずつ行う

②すーいすーいとのぼりおり

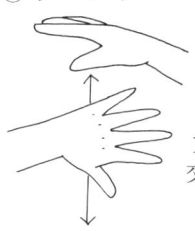

1番と2番の③の動作を
交互に2回ずつ行う

(0歳〜3歳)

指のかくれんぼ

作者不詳

```
ゆび の ゆび の   かくれんぼ   もう いい かい
まあ だ だよ
  1. お と う さん ゆ び
  2. お か あ さん ゆ び
  3. お に い さん ゆ び    } かくれた
  4. お ね え さん ゆ び
  5. ♪ あかちゃん ゆ び
```

遊び方

（1番）

① ゆびのゆびのかくれんぼ

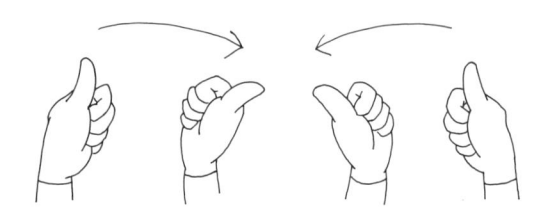

両手の親指を立てて歌に合わせて振る

② もういいかいまあだだよ

「もういいかい」で右親指を立て右の口元に
「まあだだよ」で左親指を立て左の口元に

③ おとうさんゆびかくれた

指を振りながら右手左手を順々に
後ろに隠れるようにする

（2番）あかあさん（人差し指）

体の後ろの隠れた所で次の指を変えて出す。
やり方は、（1番）と同じ。

（3番）おにいさん（中指）

体の後ろの隠れた所で次の指を変えて出す。
やり方は、（1番）と同じ。

（4番）おねえさん（薬指）

体の後ろの隠れた所で次の指を変えて出す。
やり方は、（1番）と同じ。

（5番）あかちゃん（小指）

体の後ろの隠れた所で次の指を変えて出す。
やり方は、（1番）と同じ。

指導のポイント

小さい子どもほど中指、薬指を立てるのが難しくなるので、
待ってあげるとか手を添えてあげるとかして工夫しましょう。

（0歳～3歳）

くもちゃんゆらゆら

詞　志摩 桂
アメリカ曲

I　く　も　ちゃ　ん　ゆ　ら　ゆ　ら　す　を　つ　く　り　ま　す

II　ざ　あ　ざ　あ　あ　め　ふっ　て　な　が　さ　れ　て

III　お　ひ　さ　ま　に　こ　に　こ　か　お　だ　し　ま　し　た

　　く　も　ちゃ　ん　も　い　ち　ど　ゆ　ら　ゆ　ら　り

遊び方

①くもちゃんゆらゆら
　すをつくります

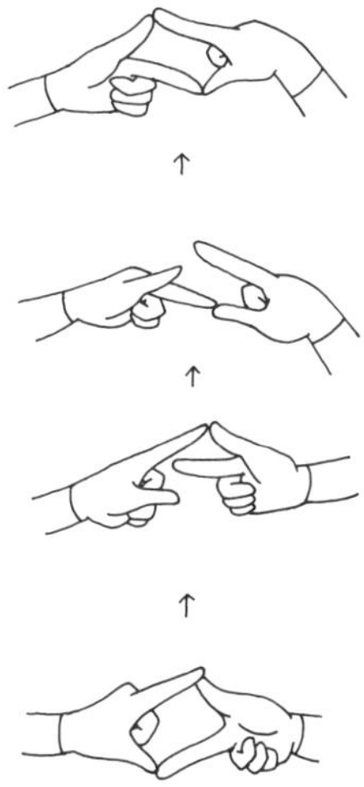

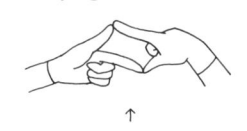

図のように親指と
人差し指を合わせて
上に登っていく様子を
表わす

②ざあざあ
　あめふって

左右一回ずつ
雨が降る様子を表わす

③ながされて

右から左、左から右へ
流される感じを表わす

④おひさまにこにこ
　かおだしました

手をキラキラさせながら
上から下に下ろしてくる

⑤くもちゃんもいちど
　ゆらゆらり

①のように
親指と人差し指を合わせて
上に登っていく様子を表わす

指導のポイント　4、5歳児に用いる時は、動作を付けながら輪唱で歌ってみると面白いでしょう。

(0歳〜3歳)

げんこつ山の狸さん

わらべうた

せっ せっ せー の ヨイ ヨイ ヨイ

げん こ つ や ま の た ぬ き さん

おっ ぱい の ん で ねん ね して

だっ こ して おん ぶ して ま た あ した

遊び方

①せっせっせの

②ヨイヨイヨイ

③げんこつやまの　たぬきさん

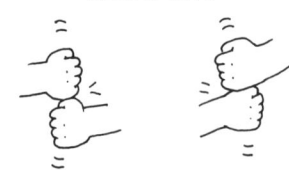

両手でげんこつを作り7回打ち合せる

④おっぱいのんで

両手でおっぱいを飲む動作をする

⑤ねんねして

両掌を合わせて
顔の横にもっていき
眠る動作をする

⑥だっこして

両手で胸に
抱く動作を
する

⑦おんぶして

両手を後ろに回し
負う動作をする

⑧またあした

両手で握り拳を
作ってかいぐりし
ジャンケンをする

(バリエーション)

・ジャンケンが上手にできない時は、「にらめっこ」をして遊びましょう。
・顔でジャンケンあそびをしましょう。
　　グ　ー：口を閉じます。
　　チョキ：口を尖らせます。
　　パ　ー：口を開きます。
・「たぬき」をきつね、ことり、こりすなど、げんこつ山に住んでいる他の動物に
　変えて歌って遊びましょう。

(0歳～3歳)

八べえさんと十べえさん

わらべうた
補作詞　阿部直美

はちべえさんと　じゅうべえさんが　けんかして　ハッ　おってけにげてけ
おってけにげてけ　いどのなかにおっこって　かおをだしたら
ゴッツンコ　アイタタタッタ　アイタタタッタ　ごめん　ごめん　ごめん

遊び方

①はちべえさんと

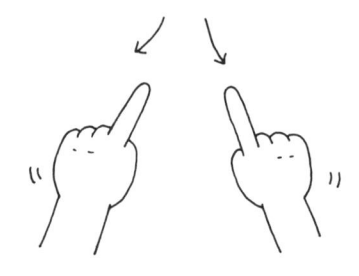

両手の人差し指で
八の字を作る

②じゅうべえさんが

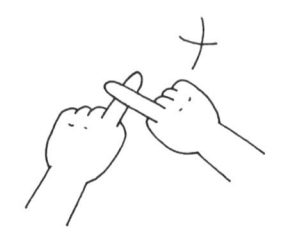

両手の人差し指を重ねて
十の字を作る

③けんかして

両手の人差し指を
打合せる

④ハッ

⑤ おってけ　にげてけ

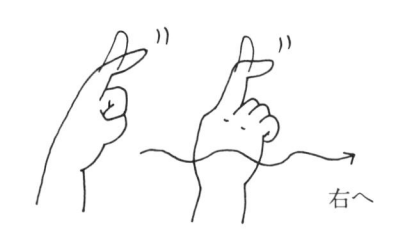

右へ　　　　　　　　　左へ

両手の人差し指を揃えて
同じ方向に動かす

⑥ いどのなかに　　　　　　おっこって　　　　　　　⑦ かおをだしたら

「いど」　「じゅうべえさん」

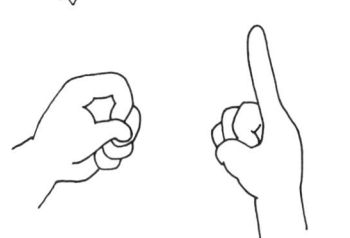

左手を軽く握って作った指の間に　　右手の人差し指を入れる　　同様にして右手の
　　　　　　　　　　　　　　　　　　　　　　　　　　　　　人差し指を下から出す

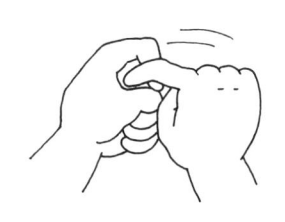

⑧ ゴッツンコ　　　　⑨ アイタタ　タッタ　　　　⑩ ごめん　ごめん　ごめん
　　　　　　　　　　　　アイタタ　タッタ

両手の握り拳をぶつける　　両手で頭をおさえる　　両手の人差し指を向き合わせ
　　　　　　　　　　　　　　　　　　　　　　　おじぎをさせる

指導のポイント

「おってけにげてけ」の繰り返しは、少しテンポを速くすると、八べえさんと十べえさんが
本当に追いかけられているような感じが出て、ユーモラスな表情になります。詞を歯切れよく、
リズミカルに指を動かしましょう。

(0歳〜3歳)

たまご

作者不詳

たまごたまごが　パチンとわれて　かわいいひよこが
かあさんどりのー　おはねのしたで　かわいいひよこが
あおいおそらが　まぶしくてーー　かわいいおめめを

ピヨ　ピヨ　ピヨ　　まま　あか　わいい　　ピヨ　ピヨ　ピヨ
ピヨ　ピヨ　ピヨ　　まま　あか　わいい　　ピヨ　ピヨ　ピヨ
クリ　クリ　クリ　　まま　あか　わいい　　クリ　クリ　クリ

遊び方

①たまごたまごが 
両手の掌を合わせて
ふくらませ卵を作る

②パチンとわれて 
指先だけパッと開く

③かわいいひよこが 
両手を顔の下で開き
左右に振る

④ピヨピヨピヨ 
両手で嘴を作り
3回開閉する

⑤まあかわいい 
両手を上に挙げ
左右に振り下ろす

⑥ピヨピヨピヨ 
両手で嘴を作り
3回開閉する

⑦かあさんどりのおはねのしたで 
はばたきを右左正面と3回する

⑧かわいいひよこがピヨピヨピヨ
　③と④と同じ

⑨まあかわいいピヨピヨピヨ
　⑤と⑥と同じ

（0歳〜3歳）

⑩あおいおそらが　　⑪まぶしくて　　⑫かわいいおめめを
　　　　　　　　　　　　　　　　　　クリクリクリ

⑬まあかわいい
　⑤と同じ

⑭クリクリクリ
　⑫と同じ

空を指差す　　　　掌をかえして　　　手をめがねのようにして
　　　　　　　　　目に当てる　　　　両目に当てクリクリクリで
　　　　　　　　　　　　　　　　　　3回回す

バリエーション　　パネルシアターで遊びましょう。

2. くろいタマゴが　パチンとわれて
　　こわいヘビが　ニョロニョロニョロ
　　　まーあ　こわいニョロニョロニョロ
　　かあさんヘビの　おなかのしたで
　　こわいヘビが　ニョロニョロニョロ
　　　まーあ　こわいニョロニョロニョロ
　　夕焼けおそらが　まぶしくて
　　こわいお目目を　ギョロギョロギョロ
　　　まーあ　こわいギョロギョロギョロ

3. あかいタマゴが　パチンとわれて
　　うるさいアヒルが　ガーガーガー
　　　まーあ　うるさいガーガーガー
　　かあさんアヒルの　おなかのしたで
　　うるさいアヒルが　ガーガーガー
　　　まーあ　うるさいガーガーガー
　　夕焼けおそらが　まぶしくて
　　おおきなお口で　ガーガーガー
　　　まーあ　うるさいガーガーガー

4. おおきなタマゴが　ドカンとわれて
　　かわいいカイジュウ　ドンドンドン
　　　まーあ　かわいいドンドンドン
　　かあさんカイジュウの　おなかのしたで
　　かわいいカイジュウ　ドンドンドン
　　　まーあ　かわいいドンドンドン
　　夕焼けおそらが　まぶしくて
　　かあさんといっしょに　ギャオギャオギャオ
　　　まーあ　なかよしギャオギャオギャオ

指導のポイント　　いろいろな動物のたまごを想像して、
　　　　　　　　　　楽しく歌ってみましょう。

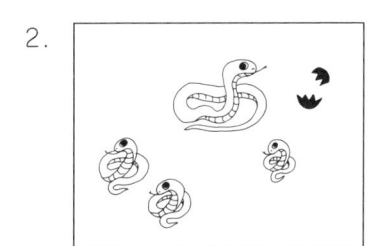

1.
2.
3.
4.

（0歳～3歳）

てんぐのはな

作詞・作曲　浅野ななみ

1. てんぐの はなは ながいぞ おっとっとっとっ このくらい
2. ぞうの みみは でっかいぞ おっとっとっとっ このくらい
3. ありの くちは ちっちゃいぞ おっとっとっとっ このくらい

遊び方

（1番）

①てんぐのはなは

4回手拍子を打つ

②ながいぞ

両手を拳にして鼻の形を作る

③おっとっとっとっ　このくらい

片手の拳をどんどん伸ばし、伸ばしきったところで止める

（2番）

①ぞうのみみは

②でっかいぞ

③おっとっとっとっ　このくらい

4回手拍子を打つ

顔の両側に
手で耳を作る

両手をどんどん広げていき、
伸ばしきったところで止める

（3番）

①ありのくちは

②ちっちゃいぞ

③おっとっとっとっ　このくらい

4回手拍子を打つ

口の周りを
手で囲む

手を縮めていき、いちばん小さく
なったところで止める

指導のポイント

・動きの中で、長い短い、大きい小さいということを表現します。
・いろいろな動物の特徴を表わして楽しむとよいでしょう。

(0歳～3歳)

ピヨピヨちゃん

作者不詳

(先生) ピヨピヨちゃん　(子ども) なんですか　(先生) こんなことこんなこと
できますか　(子ども) こんなことこんなとできますよ

遊び方

① ピヨピヨちゃん

　手を嘴のようにして
　ピヨピヨちゃんに呼びかける
　ピヨピヨちゃんは見ている

② なんですか

　ピヨピヨちゃんは
　動作を真似る

③こんなこと　こんなこと

自由表現でおもしろい動作を2つする
ピヨピヨちゃんは見ている

④できますか

拍手をする

⑤こんなこと　こんなこと

ピヨピヨちゃんは動作を真似る

⑥できますよ

ピヨピヨちゃんは拍手をする

指導のポイント
・簡単な動作の中から、表現力を身につける遊びです。
・「こんなことこんなこと」は、できるだけ大きな動きで2つの違いが
　はっきり分かるような動きをしましょう。
・少人数でも多人数でも、何時でも何処でもできます。
・広い場所で、体を思いきり使ってポーズを決めましょう。

(0歳～3歳)

わたしはねこの子

作詞・作曲　出口　力

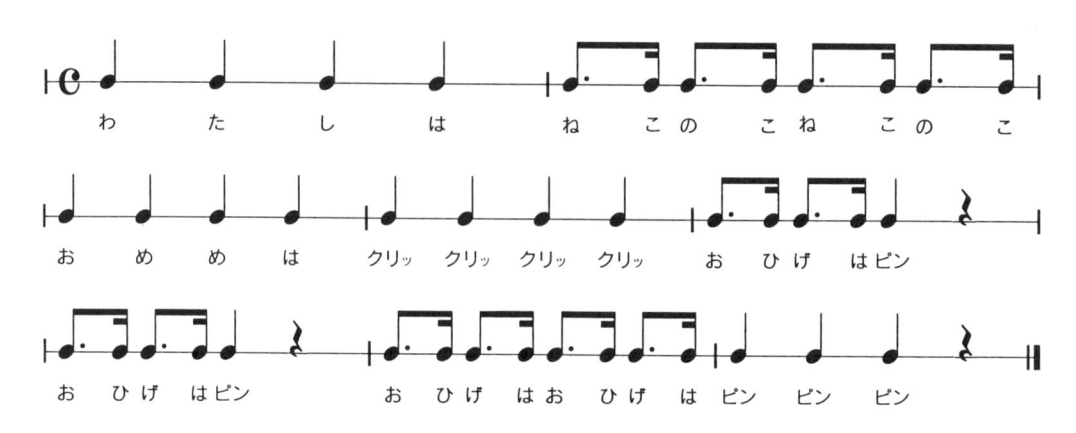

わたしは　ねこのこねこのこ
おめめは　クリッ　クリッ　クリッ　クリッ　おひげはピン
おひげはピン　おひげはおひげはピン　ピン　ピン

遊び方

①わたしは 
自分を指差す

②ねこのこねこのこ 
両手を耳にして前の方へ2回曲げる

③おめめはクリッ　クリックリックリッ 
めがねを作って4回回す

④おひげはピン　おひげはピン 
人差し指を口の横から上の方へはね上げる　左右同じく

⑤おひげはおひげは 
人差し指を口の横に

⑥ピン

⑦ピン

⑧ピン

バリエーション1

1．「ねこのこねこのこ」を「げんきなねこです」に変えます。

げんきなねこです　　　　　　　　（おひげはおひげは）ピンピンピン

最後の「ピン」で両手を
ピーンと上にはね上げる

2．「ねこのこねこのこ」を「げんきのないねこ」に変えます。

げんきのないねこ　　おめめはショボ　　　おひげはダラー　　ダラダラダラー
　　　　　　　　　ショボショボショボ

耳にした手の指を折って　目の上のところに手を　ひげが垂れ下るように　頭も手も下の方へ
元気のない様子　　　　おいて4回こする　　　左右の指を交互に下ろす　ダラーと（力が抜ける
　　　　　　　　　　　　　　　　　　　　　　　　　　　　　　　　　　ように）させる

バリエーション2　メロディをつけて歌ってみましょう。動作は、同じです。

ねこの子

作詞・作曲　出口　力

わたし　は　ねこのこねこのこ　おめめ　は　クリックリックリックリック

おひげはピン　　おひげはピン　　おひげ　おひげ　ピン　ピン　ピン（ニャーゴ）

指導のポイント　「ねこのこねこのこ」をねこのお父さん、ねこのお母さん、ねこの赤ちゃん等に変え、動作も強そうに、優しそうに、かわいらしくして歌うと楽しいでしょう。

(3歳～5歳)

とんとんとんとんひげじいさん

作詞者不詳
曲　玉山英光

とん とん とん とん　ひげじいさん　とん とん とん とん　こぶじいさん

とん とん とん とん　てんぐさん　とん とん とん とん　めがねさん

とん とん とん とん　てはうえに　とん とん とん とん　てはおひざ

遊び方　「とんとんとんとん」は、同じ動作を繰り返します。

とんとんとんとん　　①ひげじいさん 　　②こぶじいさん 　　③てんぐさん

④めがねさん 　　⑤てはうえに 　　⑥てはおひざ

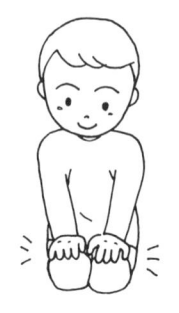

バリエーション1

とんとんとんとん　①アンパンマン　②しょくぱんまん　③カレーパンマン

両手をグーにして両頬に　親指と人差し指で角を作る　親指と人差し指で口の横をつまむ

④ばいきんまん　⑤ドキンちゃん　⑥てはおひざ

両手人差し指を頭上に　片手人差し指を頭上に立てる

バリエーション2

とんとんとんとん　①ドラえもん　②のびたくん　③スネオくん

両手で握り拳を作る　親指と人差し指でめがねを作る　両手人差し指で目をつり上げる

④ぼくジャイアン　⑤しずかちゃん　⑥てはおひざ

強そうなポーズ　口に人差し指を当てる

（3歳〜5歳）

パン屋さんにおかいもの

詞 佐倉智子
曲 おざわたつゆき

パン パン パンやさんに おかいもの サン ドイッチに メロンパン ね
ホイホイ たくさん まいどあり

じ りドーナツ パンの みみ チョコパン ふたーつ ください な
はい どうぞ

遊び方 一人で遊んでみましょう。

①パンパンパンやさんに　おかいもの 
手拍子を7回打つ

②サンドイッチに 
両手で顔をはさむ

③メロンパン 
両手でまるを作る

④ねじりドーナツ 
両手でかいぐりをする

⑤パンのみみ 
耳を引っぱる

⑥チョコパンふたつ 
チョキを作り左右に振る

⑦くださいな　はいどうぞ 
パンを渡す動作をする
両掌を上にして前に出す

バリエーション　二人で組んで遊びましょう。一人はパン屋さんに、一人はお客さんになります。

（1番）
① パンパンパンやさんにおかいもの

それぞれ手拍子を7回打つ

（2番）
① ホイホイたくさんまいどあり

1番の動作を今度はパン屋さんが中心になってする

② サンドイッチに

お客さんはパン屋さんの頬を両手で2回はさむ

③ メロンパン

パン屋さんの目の下を両人差し指でアカンベをする

④ ねじりドーナツ

鼻をつまむ

⑤ パンのみみ

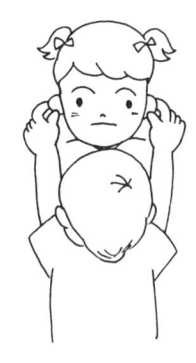

耳を引っぱる

⑥ チョコパンふたつ

脇のところをくすぐる

（1番）⑦ くださいな

手拍子を3回打つ

（2番）⑦ はいどうぞ

パン屋さんは両掌を上にしてパンを渡す動作をする

指導のポイント
・友だちの体に触る時には、やさしく触りましょう。
・二人でいろいろな表情を楽しみましょう。

(3歳〜5歳)

コロコロたまご

作者不詳

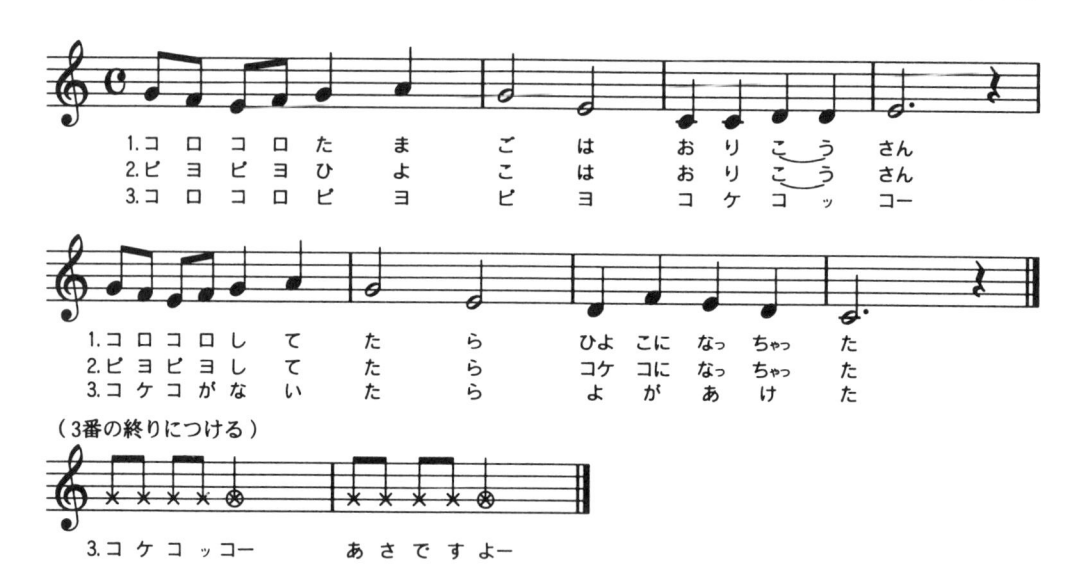

1. コロコロたまごは　おりこうさん
2. ピヨピヨひよこは　おりこうさん
3. コロコロピヨピヨ　コケコッコー

1. コロコロしてたら　ひよこになっちゃったたた
2. ピヨピヨしてたら　コケコになっちゃったたた
3. コケコがないたら　よがあけたたた

(3番の終わりにつける)

3. コケコッコー　あさですよー

遊び方

① コロコロたまごは
③ コロコロしてたら

両手でかいぐりをする

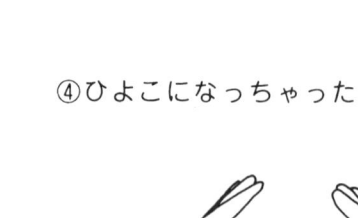

② おりこうさん

右手で、グーにした左手を撫でる

④ ひよこになっちゃった

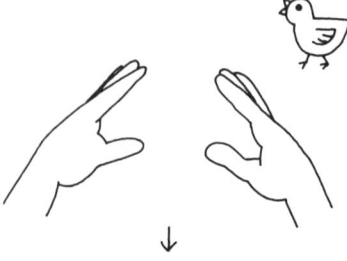

人差し指と親指を4回つける

⑤ピヨピヨひよこは

　（④と同じ）

⑥おりこうさん

左手で右手の甲を撫でる

⑦ピヨピヨしてたら

　（④と同じ）

⑧コケコになっちゃった

親指と他の4本の指を
4回つける

⑨コロコロ　（①の動作）

　ピヨピヨ　（④の動作）

　コケコッコー　コケコがないたら
　　　　　　　　（⑧の動作）

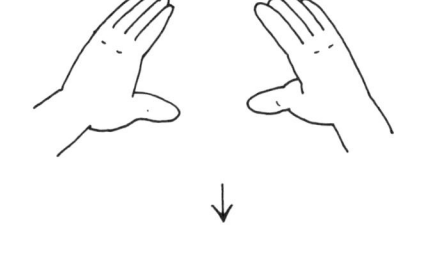

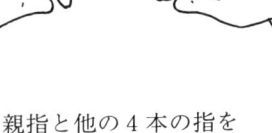

⑩よがあけた

手をひらひらさせながら大きく開く

(指導のポイント)

　集まりの時など、「コケコッコーあさですよー」と元気よく歌い名前を呼びましょう。

(3歳～5歳)

頭肩ひざポン

イギリス曲

あたまかた　ひざポン　ひざポン　ひざポン
あたまかた　ひざポン　め　みみ　はなくち

遊び方

①あたま　　　　②かた　　　　③ひざ　　　　④ポン

両手を頭にのせる　両手を肩へ　　両手を膝へ　　手拍子1回

⑤ひざポン⑥ひざポン⑦あたま⑧かた⑨ひざ⑩ポンまでは上の動作を参考にする。

⑪め　　　　⑫みみ　　　　⑬はな　　　　⑭くち

両手を目へ　　両手を耳へ　　両手を鼻へ　　両手を口へ

指導のポイント
・3歳児でも上手にできます。小さい子どもの時には、保育者が手をとって遊んであげてもよいでしょう。
・テンポを速くして遊んでも楽しいでしょう

> バリエーション1

・体のいろいろな部分に触って遊びましょう。「あたまかたひざポン」
　「あたまくびむねポン」など動作を変えてみましょう。
・⑪から⑭までの組合せを変えてみましょう。また、顔の部分だけでなく、「こしおしり
　おなかかかと」など体のいろいろな部分に触ると動きが大きくなります。

> バリエーション2

ロンドン橋

訳詞　高田三九三
イギリス曲

ロン　ドン　ば　し　お　ち　る　　おちる　　おちる
ロン　ドン　ば　し　お　ち　る　　さあ　どう　しましょう

ロンドン橋の歌で、ゲームをして遊びましょう。二人が向かい合い、肩の高さで両手をつないで橋を作ります。その下を子どもたちが歌いながら通り、歌が終わったところで両手を下げます。つかまった子どもは、橋を作る役になって遊びます。

（3歳〜5歳）

糸まき

作詞者不詳
デンマーク曲

いとまきまき いとまきまき ひいてひいて トントントン
で－きたできた こびとさんの／ぞうさんの おくつ

遊び方

①いとまきまき　いとまきまき 
両手握り拳を胸の前で回す

②ひいてひいて 
両肘を曲げ2回腕を横に引く

③トントントン 
握り拳を交互に3回打つ

④できたできた 
顔の前で両手を交差させキラキラさせながら下ろす

⑤こびとさんのおくつ 
手拍子を4回打つ

指導のポイント

・「こびとさんのおくつ」の部分は、小さい声で優しく手拍子を打ちましょう。
・「ぞうさんのおくつ」の部分は、大きい声で手拍子も元気よく大きな動きで打ちましょう。

> バリエーション１

歌に合わせて糸を巻く競争をしてみましょう。早く巻いた方が勝ちです。
一人ずつ巻いてもよいですし、二人組にして遊んでもよいでしょう。
糸を巻き取る棒には、鉛筆や箸を使用し、糸は、毛糸やたこ糸を使用してください。

> バリエーション２

- １番「こびとさんのおくつ」のところに、小さい動物の名前を入れてみましょう。
  そして、「動物のくつ」をはいて、その動物になって動いてみましょう。
  ２番「ぞうさんのおくつ」のところに、大きな動物の名前を入れてみましょう。
- 上記のこびとさん・ぞうさんの部分にお父さん、お母さん、赤ちゃんなど、家族の
  人の呼び名を入れてみましょう。

> バリエーション３

雪のこぼうず

詞　村山寿子
デンマーク曲

ゆきのこぼうず　ゆきのこぼうず　｛やねに／いけに｝おりた
つるりと　すべって　かぜにのって　きえた
するりと　もぐって　みんなみんな　きえた

糸まきのメロディは、「雪のこぼうず」という歌でも歌われています。
歌ったり、雪のこぼうずになって表現して遊びましょう。

（３歳〜５歳）

魚がはねて

作詞・作曲　中川ひろたか

さかなが　はねて　ピョン
あたまに　くっ　つい　た　ぼうし
おなかに　くっ　つい　た　デベソ
おむねに　くっ　つい　た　オッパイ

遊び方

（１番）①さかながはねて

両掌を合わせて
少しふくらませ
魚が泳ぐような動作

②ピョン

前方上向きに腕を
伸ばして魚がとび出した
ように指先を広げる

③あたまにくっついたぼうし

両手を頭の上に置く

（２番）①②は同じ
③おなかにくっついたデベソ

お腹に手をやる

（３番）①②は同じ
③おむねにくっついたオッパイ

胸に手をやる

バリエーション

おめめにくっついた
　　メガネ

おみみにくっついた
　　イヤリング

おはなにくっついた
　　てんぐ

おくびにくっついた
　　ネクタイ

てくびにくっついた
　　とけい

おくちにくっついた
　　マスク

おでこにくっついた
　　おねつ

おしりにくっついた
　　シッポ

おひざにくっついた
　　オシマイ

指導のポイント

・年少児は、遊びながら体のいろいろな部分の名前が覚えられます。年長児になるにつれて、身につけるいろいろなものなどイメージをふくらませて遊びましょう。
・バリエーションを自由に使って、最後は「おひざにくっついた」（オシマイ）と締め括りましょう。

（3歳〜5歳）

おちたおちた

作者不詳

（リーダー）　　　　　（全員）　　　　　（リーダー）
お　ち　た　お　ち　た　な　に　が　お　ち　た　かみなりさま！

遊び方

・円陣になり、リーダーを決めます。歌いながら手拍子を打ち、円周上を歩きます。
・節をつけず、言葉のリズムだけで遊んでもよいでしょう。

　　リーダー「おーちたおちた」　　　全員「なーにがおちた」
　　リーダー「かみなりさま」　　　　全員（おへそを押さえる）

　　リーダー「おーちたおちた」　　　全員「なーにがおちた」
　　リーダー「りんご」　　　　　　　全員（りんごを両手で受けとめる）

　　リーダー「おーちたおちた」　　　全員「なーにがおちた」
　　リーダー「ひだりあし」　　　　　全員（左足だけで立つ）

　　リーダー「おーちたおちた」　　　全員「なーにがおちた」
　　リーダー「おしり」　　　　　　　全員（尻餅をつく）

49

(3歳〜5歳)

一匹の野ねずみ

詞　鈴木一郎
イギリス曲

A.

1. いっぴきの
2. にひきの
3. さんびきの
4. よんひきの
5. ごひきの

のねずみが　あなのなか　とびこんで

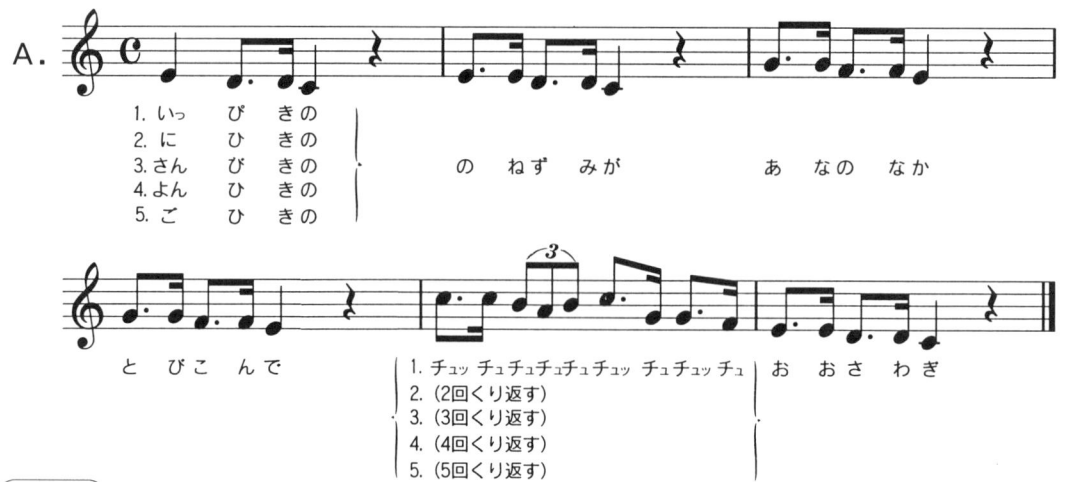

1. チュッチュチュチュチュチュッチュチュッチュ
2. (2回くり返す)
3. (3回くり返す)
4. (4回くり返す)
5. (5回くり返す)

おおさわぎ

遊び方

（1番）

①いっぴきの

両手を体の後ろに置き
右手人差し指を左右に
振りながら顔の前に出す

②のねずみが

①と同じように
左手を出す

③あなのなか

両手でまるを作る

④とびこんで

左手で半円を作り
右手をその中に差し込む

⑤チュッチュチュチュチュ
　チュッチュチュッチュ

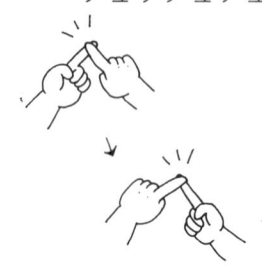

両手人差し指を打ち合せながら
上に上げる

⑥おおさわぎ

両手をキラキラさせながら
下ろし体の後ろに隠す

（2番）
①にひきの　②のねずみが　　　　　　　③あなのなか〜⑥おおさわぎ

　　　　　　　　　　　　　　　　　　　　1番の③から⑥と同じような動作をする

人差し指と中指を立てながら
1番の①②と同じような動作をする
3番以降は、①②で指を一本ずつ増やし、③から⑥は同じ動作をする

指導のポイント

・穴の中にねずみの数が多くなるにつれて、声も大きくしていきます。
・♪や♫のリズムが難しい時には、楽譜Bのリズムで歌いましょう。

B.
1ぴきの　のねずみが　あなのなか
とびこんで　チュチュチュチュチュチュチュチュ　ねんねした

バリエーション

・ことば遊びをしてみましょう。「ねずみ」のところに「こねこ」「すずめ」「こぶた」
　などを入れて、鳴き声を変えてみましょう。
・大きな動物や小さな動物の名前を入れ、その特徴をとらえて、動作の大小、テンポの
　速さの違い、音の高低などを変えて遊んでみましょう。

(3歳～5歳)

一匹のカエル

作者不詳

1. いっぴきの カエル
2. にひきの カエル
3. さんびきの カエル
4. よんひきの カエル
5. ごひきの カエル

1.～5. ピョンピョンピョンピョン ジャンプして

ケロケロケロケロ うたってる　おいけのなかに ジャボーン　スイスイスイ

遊び方

(1番)

① いっぴきのカエル

人差し指を出しリズムにのって

② ピョンピョンピョンピョン

手をピョンピョン跳ねさせる

③ ジャンプして

手を大きくジャンプさせる

④ ケロケロケロケロうたってる

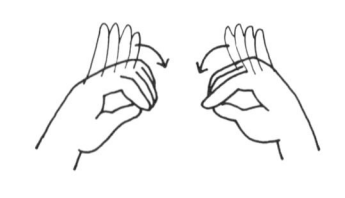

親指に他の四本の指を4回つける

⑤おいけのなかに

両手で前に池を作る

⑥ジャボーン

池の中に飛び込むように

⑦スイスイスイ

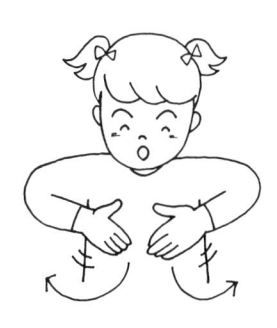

泳ぐ真似をする

指導のポイント

・一匹のカエルは小さい声で歌い、ジャンプも真似をするだけにして、
　カエルの数が増えるに従い、だんだん声も大きくしていきます。
・五匹あるいは十匹の時は、体全体を使ってジャンプしましょう。
・ゼロ匹の時は、歌を歌わずに②③④⑤⑥を形態模写だけですることによって、
　子どもたちと目を見つめ合いながら集中して楽しむことができます。

(3歳〜5歳)

一本ばし二本ばし

詞　湯浅　とんぼ
曲　中川ひろたか

1. いっぽんばし　いっぽんばし　おやまになっちゃった
2. にほんばし　にほんばし　めがねになっちゃった
3. さんぼんばし　さんぼんばし　くらげになっちゃった
4. よんほんばし　よんほんばし　おひげになっちゃった
5. ごほんばし　ごほんばし　ことりになっちゃった

遊び方

(1番)
①いっぽんばしいっぽんばし　　②おやまになっちゃった

人差し指を立て
片方ずつ出しながら
(2番から5番まで指を増やしていく)

(2番)
②めがねになっちゃった

(3番)
②くらげになっちゃった

三本の指を出しお腹の
辺りでブラブラさせる

(4番)
②おひげになっちゃった

掌を内側にして
頬全体に広げる

(5番)
②ことりになっちゃった

ヒラヒラさせる

バリエーション１

ろっぽんばしろっぽんばし　おだんごたべた
ななほんばしななほんばし　おそばをたべた
はっぽんばしはっぽんばし　スパゲッテイたべた
きゅうほんばしきゅうほんばし　ケーキをたべた
じゅっぽんばしじゅっぽんばし　おにぎりつくった

バリエーション２

一本ばし〜鬼、牛、まゆ毛　　　二本ばし〜かに、ひしもち　　　三本ばし〜ねこ
四本ばし〜宇宙人　　　　　　五本ばし〜ちょうちょう、おばけ

いっぽんばしいっぽんばし
おにさんになっちゃった

よんほんばしよんほんばし
うちゅうじんになっちゃった

ごほんばしごほんばし
おばけになっちゃった

手をゆらゆらさせて
顔もこわそうにする

指導のポイント

・いろいろなバリエーションを子どもたちと一緒に考えて楽しみましょう。
・一本箸で遊ぶ方法もあります。いっぽんばし〜おめめにくっついた。
　いっぽんばし〜おはなにくっついた。いっぽんばし〜おへそにくっついたなど。

（3歳〜5歳）

かなづちトントン

詞　高木乙女子
作曲者不詳

1. かなづちトントン　いっぽんで　トントン　かなづちトントン　つぎはに　ほん
2. かなづちトントン　にほんで　トントン　かなづちトントン　つぎはさん　ほん
3. かなづちトントン　さんぼんで　トントン　かなづちトントン　つぎはよん　ほん
4. かなづちトントン　よんほんで　トントン　かなづちトントン　つぎはごほん
5. かなづち　トントン　ごほんで　トントン　かなづち　トン　トン　つぎはこれでおしまい

遊び方

（1番）

① かなづちトントン 
片手の拳で膝を2回叩く

② いっぽんでトントン 
片手の拳で膝を2回叩く

③ かなづちトントン 
片手の拳で膝を2回叩く

④つぎはにほ　　　　　　　　　⑤ん

手拍子を2回打つ　　　　　　両手の拳を前に出し軽く振る

以下の動作は、1番に準じてします。

(2番)　①②③　　　　　　④　　　　　　　⑤
　　　両手の拳で　　　　手拍子を　　　両手の拳を動かし
　　　膝を叩く　　　　　2回打つ　　　片足で床を叩く

(3番)　①②③　　　　　　④　　　　　　　⑤
　　　両手の拳と　　　　手拍子を　　　両手、両足を
　　　片足を動かす　　　2回打つ　　　動かす

(4番)　①②③　　　　　　④　　　　　　　⑤
　　　両手の拳と　　　　手拍子を　　　両手の拳と両足を
　　　両足を動かす　　　2回打つ　　　動かし頭を上下に振る

(5番)　①②③　　　　　　④　　　　　　　⑤
　　　両手、両足を　　　手拍子を　　　両手を膝に
　　　動かし頭を上下に振る　2回打つ

指導のポイント

・初めは、ゆっくり5ヶ所の体をしっかり動かせるようにしましょう。
・年令に合った速度を選び、慣れてきたら速くしたりゆっくりしたりして遊びます。
・5番の終りは、手を静かに膝の上に置きます。「手はおひざ」と歌詞を変えてもよいでしょう。

(3歳〜5歳)

小さな庭をよく耕して

作者不詳

1. ちいさな にわを よくたがやして
2. ちゅうくらいの にわを よくたがやして
3. おおきな にわを よくたがやして

ちいさな たねを まきました ぐんぐんのびて
ちゅうくらいの たねを まきました ぐんぐんのびて
おおきな たねを まきました ぐんぐんのびて

はるになって ちいさな はなが さきました ポッ!
　　　　　　ちゅうくらいの はなが さきました ホワッ!
　　　　　　おおきな はなが さきました ワッ!

遊び方

（1番）

①ちいさなにわを 
左右の人差し指で
小さな四角を描く

②よくたがやして 
左右の人差し指を
曲げながら左から
右へ動かす

③ちいさなたねを 
左右の人差し指で
空間に小さな円を
描く

④まきました

たねをまく
動作をする

⑤ぐんぐんのびて

左右の手を合わせて
くねらせながら上に
上げる

⑥はるになって

両手を広げキラキラ
させながら下ろす

⑦ちいさなはなが
　さきました

左右の人差し指を
7回小さく打ち合
わせる

⑧ポッ

両手を花の蕾のような
形にし、小さく
ポッと開く

> **指導のポイント**

・2番の「ちゅうくらいのにわを」は、人差し指と中指の2本で、3番の「おおきなにわを」は、
　5本の指でそれぞれ1番と同じ動作の庭を作りますが、2番は1番より、そして3番は2番より
　大きな声と大きな動作でします。たねや花の大きさも同様です。
・この遊びは、大中小の物の大きさの概念を形成する表現に適しています。「ポッ」「ホワッ」
　「ワッ」なども、それぞれの大きさに合わせて気持ちをこめて表現するとおもしろいでしょう。
・「はるになって」を「なつになって」や「あきになって」に替え、「はながさきました」を
　夏なら「かぶができました」「すいかができました」に、秋なら「かぼちゃができました」など
　の替え歌にしてみましょう。終りに「コロン」「ゴロン」「ドテッ」など、大きさに合わせて
　唱えながら表現してみましょう。

(3歳〜5歳)

グーチョキパーでなにつくろう

作詞者不詳
フランス曲

1. グー チョキ パー で　グー チョキ パー で　なに つく ろう　なに つく ろう
2. グー チョキ パー で　グー チョキ パー で　なに つく ろう　なに つく ろう
3. グー チョキ パー で　グー チョキ パー で　なに つく ろう　なに つく ろう

みぎてがパーで　ひだりてもパーで　お は な さん　お は な さん
みぎてがチョキで　ひだりてもチョキで　お か に さん　お か に さん
みぎてがチョキで　ひだりてがグーで　かた つむ り　かた つむ り

遊び方

（1番〜3番）

①グー　　　　　②チョキ　　　　　③パーで
④グー　　　　　⑤チョキ　　　　　⑥パーで

⑦なにつくろうなにつくろう 　　（1番）⑧みぎてがパーで　　⑨ひだりてもパーで
　　　　　　　　　　　　　　（2番）⑧みぎてがチョキで　⑨ひだりてもチョキで
　　　　　　　　　　　　　　（3番）⑧みぎてがチョキで　⑨ひだりてがグーで

（1番）⑩おはなおはな　　（2番）⑩かにさんかにさん　　（3番）⑩かたつむりかたつむり

> **指導のポイント**

　グー、チョキ、パーで、いろいろなものを作ってみましょう。

グーとグーでてんぐさん　　　　グーとグーでアンパンマン　　　グーとグーでドラえもん

チョキとチョキでめがねさん　　パーとパーでちょうちょう　　　パーとパーでうさぎさん

（3歳〜5歳）

ごんべさんの赤ちゃん

作詞者不詳
アメリカ曲

ごんべさんのあ かちゃんが か ぜひ いた（クシャン）ごんべさんのあ かちゃんが か ぜひ いた（クシャン）

ごんべさんのあ かちゃんが か ぜひいた（クシャン）と て もあわてて しっ ぶした

遊び方

①ごんべさんの

両手でほおかむりと
結ぶ動作をする

②あかちゃんが

左腕側に赤ちゃんの
頭がくるように抱き
かかえる動作をする

③かぜひいた

両手を鼻と口に当て
「た」で両手を前に
出して「クシャン」と
くしゃみの真似をする

④ごんべさんの
　あかちゃんがかぜひいた

　①から③を繰り返す

⑤ごんべさんの
　あかちゃんがかぜひいた

　①から③を繰り返す

⑥とてもあわてて

手拍子を4回打つ

⑦しっぷし

右手を左肩に当てる

⑧た

左手を右肩に当てる

(バリエーション)

・サイレント・シンギングで遊んでみましょう。この遊びは歌のある部分を、または全部を
　心の中で歌って声に出さず、動作だけを付けます。緊張感を伴った面白い遊びになり、
　集中力を養うことができます。
　　遊び方1：「ごんべさんの」の歌詞のところだけ、声を出さずに動作だけを付け、
　　　　　　　他の歌詞のところは歌と動作を付けます。
　　遊び方2：「ごんべさんのあかちゃんが」までを声に出さないで動作だけにし、
　　　　　　　他の歌詞のところは歌と動作を付けます。

(指導のポイント)

・2小節のスキップ・リズムは、軽やかに、はぎれよく歌い、「クシャン」のところは
　声を出して大げさに動作をつけてみましょう。
・この歌は、「ジョン・ブラウンのなきがら」が元歌となっており、「リパブリック讃歌」
　にもなっています。「ごんべさんの赤ちゃん」の他に「おはぎの嫁入り」や「ウルトラマン」
　などの遊び歌にも使われています。

バリエーション1　　おはぎの嫁入り

作詞者不詳
アメリカ曲

おはぎがおよめに ゆくときは　あんこときなこで おけしょして
まーるいおぼんに のせられて ついたところは おうせつま

遊び方

①おはぎがおよめに
　ゆくときは

両手でおだんごを
こねるように体の
前で7回まるめる

②あんこと

右手で右頬を
くるくると
2回ぬる

③きなこで

左手で左頬を
同じように
2回ぬる

④おけしょして

両手で3回
くるくるとぬる

⑤まるいおぼんに
　のせられて

両手で輪を作り
足を4回屈伸させる

⑥ついたところは

手拍子を4回打つ

⑦おうせつま

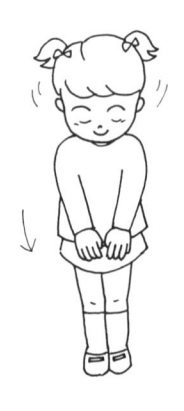

おじぎをする

バリエーション2 ウルトラマン

作詞者不詳
アメリカ曲

いっちょうめの ウルトラマン にちょうめ のセブン さんちょうめのはーはに よんちょうめ のちち

ごちょうめ のか いじゅう おいかけて と お いおそらへ とん でーった (シュワッチ)

遊び方

① いっちょうめの 
② ウルトラマン 
③ にちょうめの 
④ セブン

⑤ さんちょうめの 
⑥ ははに 
⑦ よんちょうめの 
⑧ ちち

⑨ ごちょうめの 
⑩ かいじゅう おいかけて
⑪ とおいおそらへ とんでった 
⑫ シュワッチ

手足を上下しながら　　空を指差すように　　ジャンプする

(3歳～5歳)

１丁目のドラねこ

作詞・作曲・振付　阿部　直美

いっちょめの ドラねこ　にちょめの クロねこ
さんちょめの ミケねこ　よんちょめの トラねこ
ごちょめの ねずみは おいかけられて
あわてて にげこむ あなのなか　ニャオー

遊び方

左手を開き、右手の人差し指で軽く打ちながら遊びます。

①いっちょうめのドラねこから
　ごちょめのねずみはまで
　親指から順に軽く打ちながら歌う

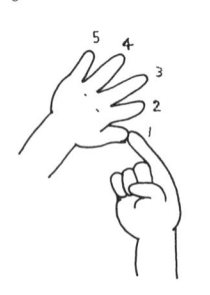

②おいかけられて

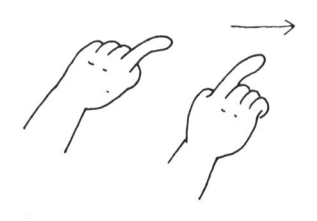

左右の人差し指を
曲げ揃えて右へ

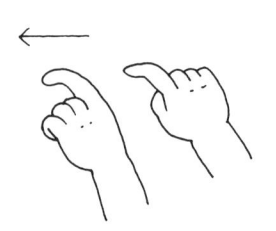

③あわててにげこむ

反対に左へ

④あなのなか　　　　　　　　　　⑤ニャオー

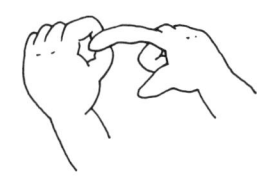

右手人差し指を左手の輪の中に

バリエーション１　・二人ペアーで遊びましょう。

①二人向き合って、Aが片手を開いて前に出し、Bがその指先を、人差し指で軽く叩いていく。
②③Aは両手をそれぞれ軽く握り輪を作って前に出し、Bは両手の人差し指で穴（輪）を
　さがすようにして、Aの体のあちこちを軽くつつく。
④あなのなかで、Bは両手の人差し指をAの両手の輪の中に入れる。
⑤ニャオーで、Aは指をつかまえようとギュッと握り、Bは逃げようとサッとぬく。

バリエーション２　・集団で遊びましょう。

横並び一列になって輪を作ります。
①それぞれ左手を開いて左に向け、右手の人差し指で右の子の左手の指を歌詞に合わせて叩いて
　いく。
②③基本のバージョンと同じ動作。
④あなのなかで、各自右手は人差し指、左手は輪を作り、それぞれ隣の子の輪の中に人差し指を
　入れる。
⑤ニャオーで、いっせいに、左手は握ってつかまえようとし、右手はぬいて逃げようとする。

バリエーション３　・替え歌「ウルトラマンバージョン」

いっちょうめのウルトラマン　　　にちょうめのセブン
さんちょうめのはは に　　　　　よんちょうめのちち
ごちょうめのかいじゅう　　　　　おいかけて
とおいおおぞらへ　　　　　　　　とんでったシュワッチ

動作は、前出のウルトラマン（65頁）と同じですので、参考にしてください。

(3歳～5歳)

ずっとあいこ

作詞・作曲　阿部直美

1. かにさんと　かにさんが
2. くまさんと　くまさんが
3. あひるさんと　あひるさんが
4. はさみさんと　はさみさんが
5. たまごさんと　たまごさんが
6. おさらさんと　おさらさんが

ジャンケン　したら

(1.4) チョキチョキチョキチョキ　チョキチョキチョキチョキ
(2.5) グーグーグーグー　グーグーグーグー
(3.6) パーパーパーパー　パーパーパーパー

ずーっと　あいこ

遊び方

（1番）①かにさんとかにさんが

二人で向き合い右手をチョキの形で
曲に合わせて4回振る

②ジャンケンしたら

二人とも向き合ったまま
拍手を8回する

③チョキチョキチョキチョキ
　チョキチョキチョキチョキ

曲に合わせて右左交互に
手をチョキの形にして出す

④ずーっと

両手を合わせて外側へ回す

⑤あいこ
二人とも
向き合ったまま
拍手を3回する

（2番）くまさんは、グー
（3番）あひるさんは、パー
（4番）はさみさんは、チョキ
（5番）たまごさんは、グー
（6番）おさらさんは、パー

指導のポイント

遊び方の②は、8回でするのが難しい子どもには4回にして、
できるようになったら8回にしてもよいでしょう。

(3歳～5歳)

からだあそびのうた

詞 志摩 桂
イギリス曲

あた まかたひざ あ し とて　あた まかたひざ あ し とてラララ

め は な く ち　ほっぺとみみ　あた まかたひざ あ し とて

遊び方

歌詞の通り、順次両手で体に触れて遊びます。

①あたま　②かた　③ひざ　④あしと　⑤て

⑥あたまかた　⑦ラララ　⑧めはなくち　⑨あたまかた
　ひざあしとて　　　　　　ほっぺとみみ　　ひざあしとて
①から⑤を繰り返す　　　　顔のそれぞれのところに　①から⑤を繰り返す
　　　　　　　　　　　　両手で触る

指導のポイント

テンポを変えて遊ぶと楽しいでしょう。

バリエーション１

サイレント・シンギング遊びをしましょう。
（例）頭の歌詞を抜いて歌い、動きを付けます。
　　　また、肩、膝などについても同様に遊びましょう。

バリエーション２

頭、肩、膝、足、手の５グループに分け、自分の歌詞のところにきたら動きを付けてみましょう。

（3歳～5歳）

エイトマンゴーゴー

作詞・作曲　阿部直美

歌詞：
エイトエイトエイトマン ゴー ゴー ウルトラマン ミラーマン
ゴリラマン イガイガマン つよいぞ つよいぞ
せいぎのみかた アンパンマン ケクレマン スーパーマン
ピーマン はちにん そろった エイトエイトエイトマン タアッ
ビュワーン ———— ドン ジャンケンポン

遊び方　子どもたちの好きなテレビマンガの主人公たちから生まれたジャンケン遊びです。

①エイトエイトエイトマン
両手親指と人差し指を輪にして組み リズムに合わせて4回組み替える

②ゴーゴー
腕を2回振り上げる

③ウルトラマン
右手を縦にして額の前に当てる

④ミラーマン
右掌を外に向ける

⑤ゴリラマン
両手拳で胸を叩く

⑥イガイガマン
グーパーグーパーと開いたり閉じたりする

⑦つよいぞつよいぞ
両手力こぶのポーズを左右でする

（0歳～3歳）

⑧せいぎのみかた 
拍手を8回する

⑨アンパンマン 
両手でパンを食べる動作をする

⑩ケクレマン 
両手で自分の髪の毛を引っ張る

⑪スーパーマン 
両手をマントのように斜め後ろに広げる

⑫ピーマン 
指笛を吹く真似をする

⑬はちにんそろった 
右手3本左手5本の指を出して左右に振る

⑭エイトエイトエイトマン 
両手親指と人差し指を輪にして組みリズムに合わせて4回組み替える

⑮タアッ 
両手を上げて空高く飛び上がる動作をする

⑯ビュワーンドン 
ビュワーンという音に合わせて空飛ぶ動作で自由に走り回りドンで二人向き合って両手を合わせる

⑰ジャンケンポン 
ジャンケンをして負けた人は勝った人の後ろに付く

指導のポイント

・2、3回続けて遊ぶ時は、①から⑭までの動作をそれぞれしますが、タアッと飛ぶ時は何人かがつながって飛んで先頭の子がジャンケンをします。ジャンケンで負けた組は、全員勝った組の後ろに付きます。これを繰り返して遊んでみましょう。

(3歳〜5歳)

頭のうえでパン

作詞・作曲　おざわたつゆき

あたまのうえで｛パン／ドン／チョン／パン ドン チョン｝
おかおのよこで｛パン／ドン／チョン／パン ドン チョン｝
おへそのまえで｛パン／ドン／チョン／パン ドン チョン｝
おしりのうしろで｛パン／ドン／チョン／パン ドン チョン｝

(mf) パン パン パン パン　パン パン パン パン　パ パン パン　パン パン
(f) ドン ドン ドン ドン　ドン ドン ドン ドン　ド ドン ドン　ドン ドン
(p) チョン チョン チョン チョン　チョン チョン チョン チョン　チョ チョン チョン　チョン チョン
(mf) パン パン パン パン　パン パン パン パン (f)ドン　ド ドン ドン　(p)チョン チョン

（遊び方）

（1番）

①あたまのうえでパン 
「パン」で頭上で
1回拍手をする

②おかおのよこでパン 
顔の横で
1回拍手をする

③おへそのまえでパン 
おへその前で
1回拍手をする

④おしりのうしろでパン　　⑤パンパンパンパン　　　　⑥パンパパンパンパンパン
　　　　　　　　　　　　　　パンパンパンパン

おしりの後ろで　　　　　　リズムに合わせて好きな　　　♪♪♪♪♪♪と拍手をする
1回拍手をする　　　　　　ところで拍手をする　　　　　　パン パパンパン　パンパン

（2番）
①あたまのうえでドン　　　②おかおのよこでドン　　　　③〜⑥

　　　　　　　　　　　　　顔の横で　　　　　　　　　　1番に準じて
　　　　　　　　　　　　　拳打ちをする　　　　　　　　拳打ちをする
頭上で
拳打ちをする

（3番）
①あたまのうえでチョン　　②おかおのよこでチョン　　　③〜⑥

　　　　　　　　　　　　　顔の横で　　　　　　　　　　1番に準じて
　　　　　　　　　　　　　親指を合わせる　　　　　　　親指を合わせる
頭上で
親指を合わせる

（4番）
①あたまのうえでパンドンチョン　　　　　　　　　　　　②〜⑥

「パン」（1番①の動作）　　　　　　　　　　　　　　　1番に準じて
「ドン」（2番①の動作）　　　　　　　　　　　　　　　①のパンドンチョンの
「チョン」（3番①の動作）を　　　　　　　　　　　　　動作をする
頭上でする

指導のポイント

・歌の最後、「パン　パパンパン　パンパン」の下線のところで、手を顔の横で打つと同時に
　足ぶみも一緒に入れると、リズミカルで、更に楽しくなります。
・2番から4番まで同じです。

73

(3歳～5歳)

曲がり角

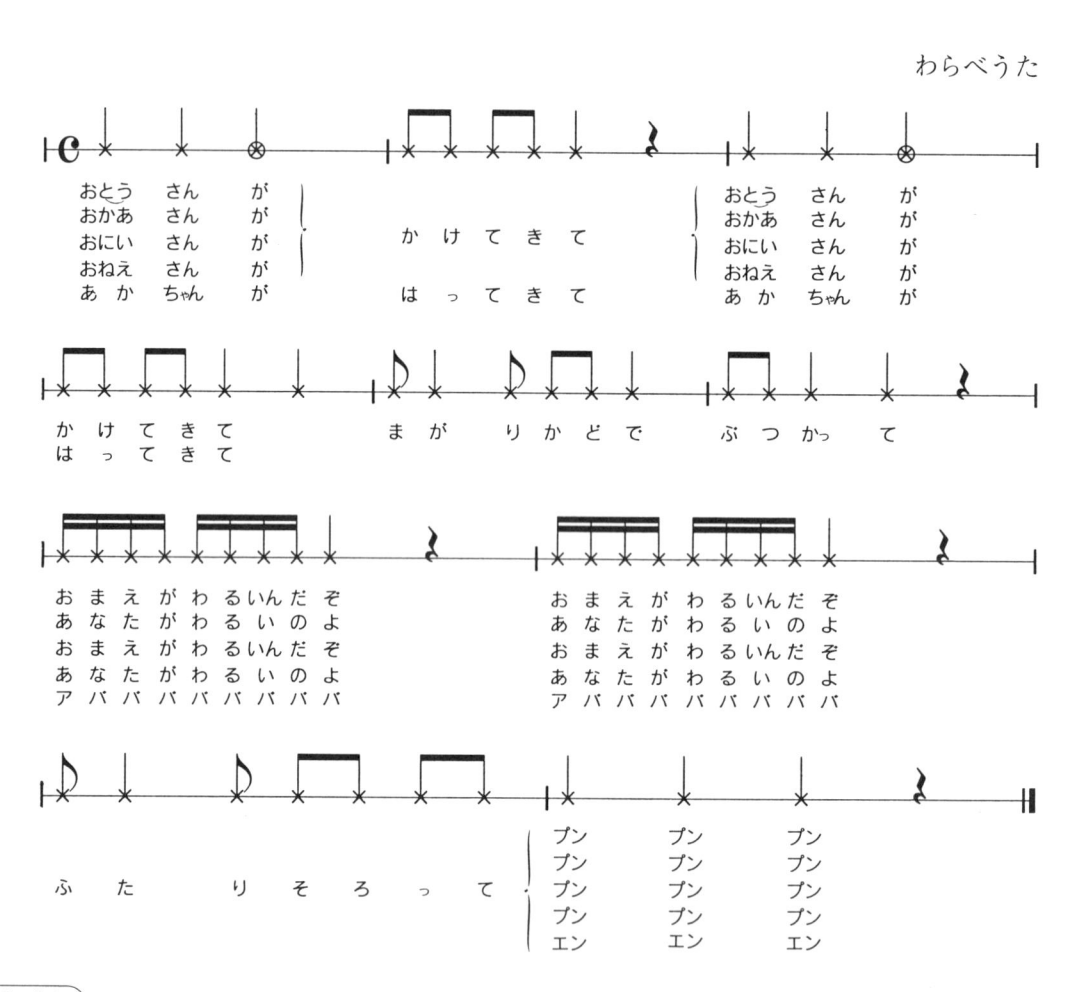

わらべうた

| おとう さん が | | おかあ さん が | | おにい さん が | | おねえ さん が | | あか ちゃん が |

かけてきて
はってきて

おとう さん が
おかあ さん が
おにい さん が
おねえ さん が
あか ちゃん が

かけてきて
はってきて

まがりかどで ぶつかって

おまえがわるいんだぞ
あなたがわるいのよ
おまえがわるいんだぞ
あなたがわるいのよ
アババババババ

おまえがわるいんだぞ
あなたがわるいのよ
おまえがわるいんだぞ
あなたがわるいのよ
アババババババ

ふたりそろって

ブン ブン ブン
ブン ブン ブン
ブン ブン ブン
エン エン エン

遊び方

①おとうさんがかけてきて　　②おとうさんがかけてきて　　③まがりかどでぶつかって

④おまえがわるいんだぞ　　⑤ふたりそろってプンプン　　⑥プン
　おまえがわるいんだぞ

おかあさん　　　おにいさん　　　おねえさん　　　あかちゃん

まがりかど

曲　倉橋惣三
補作　木村博子

おとうさん が　　かけてきて　　おとうさん が　　かけてきて
まが りかど で ぶつかって　　おまえがわるいんだぞ
おまえがわるいんだぞ　ふた りそろって ぷん ぷん ぷん

歌詞は、唱え歌（前頁）と同じに歌いましょう。

指導のポイント

・倉橋惣三作曲の「曲がり角」は、今井弘雄の歌詞「でぶちゃんが〜、のっぽちゃんが〜、ちびちゃんが〜」がついていましたが、現在では蔑視の言葉とも受け取られかねないので、上記のようにしてみました。
・動作は、それぞれ表現を変えるとおもしろいでしょう。

（3歳〜5歳）
キャベツはキャッキャッキャッ

作者不詳

キャベツ は	キャッ キャッ キャッ	キュウリ は	キュ キュ キュ
トマト は	トン トン トン	レタス は	タッ タッ タッ
ピーマン	ピッ ピッ ピッ	しいたけ	ケッ ケッ ケッ

レンコン	コン コン コン	たけのこ	ニョキ ニョキ ニョキ
にんじん	ニン ニン ニン	アスパラ	バラ バラ バラ
ごぼう は	ヒョロ ヒョロ ヒョロ	モヤシ は	モジャ モジャ モジャ

♪ YA SA I ♪

遊び方

キャッキャッキャッとかキュキュキュなどの擬音的なところで、次のような動作をして遊びます。

①キャベツは　　　　②キュウリは　　　　③レンコン　　　　④たけのこ
　キャッキャッキャッ　　キュキュキュ　　　　コンコンコン　　　ニョキニョキニョキ

開いて閉じて　　　握って握って　　　頭をコンコン　　　下から上へニョキ

⑤トマトは　　　⑥レタスは　　　⑦にんじん　　　⑧アスパラ
　トントントン　　タッタッタッ　　ニンニンニン　　パラパラパラ

拳でトントン　　駆け足駆け足　　忍者だよ　　　　掌をひらひらひら

⑨ピーマン　　　⑩しいたけ　　　⑪ごぼうは　　　⑫モヤシは
　ピッピッピッ　　ケッケッケッ　　ヒョロヒョロヒョロ　モジャモジャモジャ

笛吹く真似　　　ケッちゃえー　　くねくねくね　　コチョコチョ

指導のポイント

・楽譜では、野菜4個ごとに1番2番となっていますが、これは、あくまでも参考にしてください。
・野菜の種類、数、順序などは自由で構いません。但し、最初は「キャベツ」から始めて最後は
　「モヤシ」にします。モジャモジャでくすぐり合いをします。
・メロディも厳密に歌わずに、言葉の抑揚に合わせて「唱え歌」になっても構いません。

（3歳〜5歳）

これくらいのおべんとう箱

作者不詳

こ れ くらいの　おべんとばこに　おむすびおむすび ちょっとつめて

きざみしょうがに ごまふって　にんじんさん　ごぼうさん

あなのあいた れんこんさん　すじのとおた ふき

> **バリエーション1**

　動作を大きくしたり小さくしたり、テンポを速くしたり遅くしたりして、いろいろなおべんとう箱を作ってみましょう。

　　ぞうさんのおべんとう箱
　　かばさんのおべんとう箱
　　ありさんのおべんとう箱

> **バリエーション2**

　替え歌にしてサンドイッチのおべんとう箱を作ってみましょう。

　　これくらいの　おべんとうばこに
　　サンドイッチ　サンドイッチ　ちょっとつめて
　　からしバターに　こなチーズかけて
　　トマトさん　ハムさん　きゅうりさんにレタスさん
　　すじのはいった　ベーコン

遊び方

①これくらいのおべんとうばこに 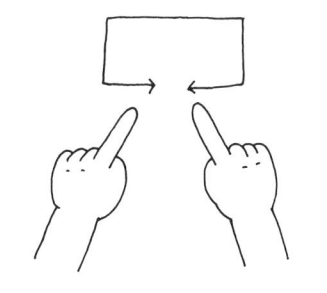
指でおべんとう箱の形を作る

②おむすびおむすび 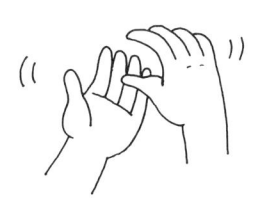
おむすびを握る

③ちょっとつめて 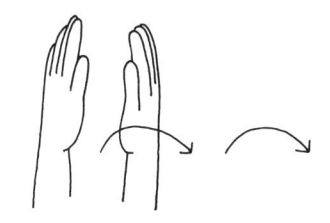
両手指を立てて横に動かす

④きざみしょうがに 
まな板でしょうがをきざむ

⑤ごまふって 
ごまをふりかける

⑥にんじん 
指を2本立てる

⑦さん 
指を3本立てる

⑧ごぼう 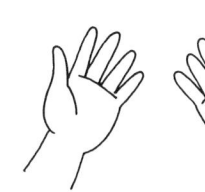 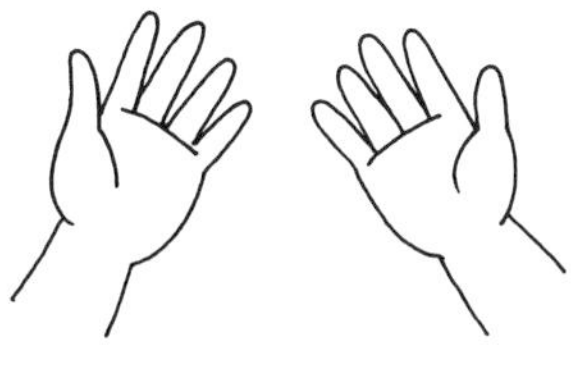
指を5本立てる

⑨さん 
指を3本立てる

⑩あなのあいたれんこんさん 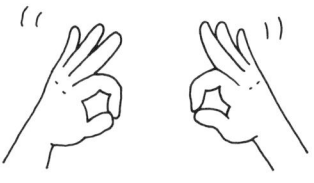
親指と人差し指でまるを作る

⑪すじのとおった 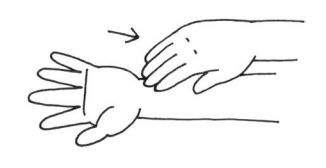
左手を右手で撫でる

⑫ふき 
掌をフーッと吹く

（3歳～5歳）

いわしのひらき

作者不詳

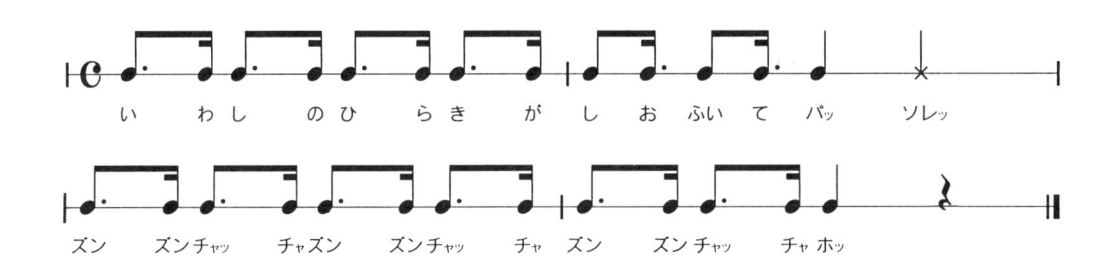

いわしのひらきが しおふいて パッ ソレッ
ズン ズンチャッチャ ズンズンチャッチャ ズン ズンチャッチャ ホッ

遊び方

（1番）

①いわしの　　②ひらきが 　　③しおふいて 　　④パッ

⑤ソレッズンズンチャッチャ 　　⑥ズンズンチャッチャ

⑦ズンズンチャッチャ 　　⑧ホッ

1. いわしのひらきが　しおふいて「パッ」　「ソレッ」
　ズンズンチャッチャ　ズンズンチャッチャ　ズンズンチャッチャ　「ホッ」

2. にしんのひらきが　しおふいて「パッ」　ソレッ
　ズンズンチャッチャ　ズンズンチャッチャ　ズンズンチャッチャ　「ホッ」

3. さんまのひらきが　しおふいて「パッ」　ソレッ
　ズンズンチャッチャ　ズンズンチャッチャ　ズンズンチャッチャ　「ホッ」

4. シャケのひらきが　しおふいて「パッ」　ソレッ
　ズンズンチャッチャ　ズンズンチャッチャ　ズンズンチャッチャ　「ホッ」

5. くじらのひらきが　しおふいて「パッ」　ソレッ
　ズンズンチャッチャ　ズンズンチャッチャ　ズンズンチャッチャ　「ホッ」

（2番）①にしんの　　②ひらきが　　　　　（5番）①くじらの　　②ひらきが

（3番）①さんまの　　②ひらきが

③しおふいて　　　　パッ

（4番）①シャケの　　②ひらきが

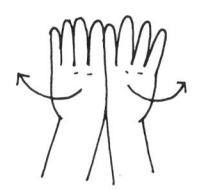

指導のポイント
・「ズンズンチャッチャ」では、リズミカルに楽しく波を表現しましょう。
・「ホッ」も「パッ」も、オーバーアクションでしましょう。

(3歳〜5歳)

カレーライス

詞　ともろぎゆきお
曲　峯　陽

1. にんじん（〃）　たまねぎ（〃）　じゃがいも（〃）　ぶたにく（〃）　おなべで（〃）　いためて（〃）　ぐつぐつにましょう
2. おしお（〃）　カレールー（〃）　とけたら（〃）　あじみて（〃）　こしょうを（〃）　いれたら（〃）　はいできあがり

遊び方

（1番）

①にんじん
両手の人差し指と中指で
Vサインにして出す

②たまねぎ
胸の前でたまねぎの
形を作る

③じゃがいも
握り拳を作り
両方の手を上下に動かす

④ぶたにく
自分の鼻を右手
人差し指で指す

⑤おなべで
両手で鍋の
形を作る

⑥いためて
片方の手で鍋の形を作り
もう一方の手を振って
いためる動作をする

⑦ぐつぐつにましょう
両手を上向きに握り
開いたり閉じたりする

(2番)

①おしお　　②カレールー　　③とけたら　　④あじみて

右手の甲を上に　　胸の前で四角い　　右手で鍋の中を　　片手で味をみる
指を開いて出し　　箱の形を作る　　　かきまぜる
左右に振る

⑤こしょうをいれたら　　⑥はいできあが　　⑦り

こしょうを振りかける　　手拍子を4回打つ　　両手を前に揃えて
　　　　　　　　　　　　　　　　　　　　　差し出す「召し上がれ」

バリエーション

カレーライスの料理に似ているものとして、シチューにしても楽しいでしょう。

(3歳～5歳)

パン屋に五つのメロンパン

訳詞　中川ひろたか
イギリス曲

1. パンやにいつつの　メロンパン
2. パンやによっつの　メロンパン
3. パンやにみっつの　メロンパン
4. パンやにふたつの　メロンパン
5. パンやにひとつの　メロンパン
6. パンやにぜろこの　メロンパン

1.
2.
3. ふんわり まるくて　おいしそう　｜ こどもがひとり　やってきて
4.
5.
6. ぜんぶうりきれ　メロンパン

（会話）1.～5. "おばさん　メロンパンひとつちょうだい" "はい　どうぞ"
　　　　6.　　　"おばさん　メロンパンひとつちょうだい" "ごめんね　もうないの"

1.～5. メロン　パン　ひとつ　かってった
6. メロン　パン　かえずに　かえってった

バリエーション1　パンの種類を変えてみましょう。

　　　　　　　フランスパン
　　　　　　　クリームパン　など

バリエーション2　買う数を変えてみましょう。

　　　　　　　〇〇〇〇パン　2こ　ちょうだい
　　　　　　　〇〇〇〇パン　3こ　ちょうだい　など

遊び方

（1番）①パンやにいつつの
　　　　　メロンパン

（2番）①パンやによっつの
　　　　　メロンパン

（3番）①パンやにみっつの
　　　　　メロンパン

右指5本を広げて
左右に動かす

（4番）パンやにふたつの
　　　メロンパン

（5番）パンやにひとつの
　　　メロンパン

（6番）パンやにぜろこの
　　　メロンパン

②（1～5番）ふんわりまるくて
　　　　　　おいしそう

③こどもがひとり
　やってきて

④おばさんメロンパン

（6番）ぜんぶうりきれ
　　　メロンパン

両手でまるくパンの
形を描く

右人差し指を体の
後ろから出す

⑤ひとつちょうだい

⑥はいどうぞ

⑦（1～5番）メロンパン　ひとつ
　　　　　　かってった

（6番）メロンパン　かえずに
　　　　　かえってった

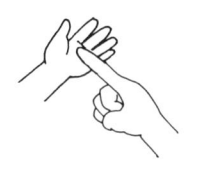

右人差し指を左親指に
触れる

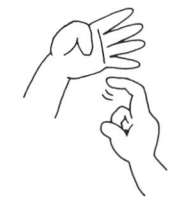

右人差し指で左親指を折る

右人差し指を体の後ろにかくす

(3歳〜5歳)

山小屋いっけん

詞　志摩　桂
アメリカ曲

やまごや いっけん ありました　まどから みて いる おじいさん
たすけて たすけて おじいさん　りょうしの てっぽう こわい です

かわ いい うさぎが ピョン ピョン ピョン　こちらへ にげて きた よ
さあ さあ はや く おはいんなさい　もう だいじょうぶだ よ

遊び方

① やまごやいっけん
　　ありました

掌で山小屋の形を作る

② まどからみていた
　　おじいさん

めがねを作ってのぞく

③ かわいいうさぎが
　　ピョンピョンピョン

前方へ3歩出す

④ こちらへにげてきた

⑤ たすけてたすけて
　　おじいさん

⑥ りょうしのてっぽう
　　こわいんです

左手で鉄砲、右手で
肘を押さえる

⑦ さあさあはやく
　　おはいんなさい

両手でまねき入れる

⑧ もうだいじょうぶだよ

うさぎを形つくった方の
手をやさしく抱いて撫でる

指導のポイント

・「たすけてたすけて」や「もうだいじょうぶだよ」の感情表現は、気持ちをこめて歌いましょう。
・7つ打ちのリズム・フレーズにのって調子よく遊びましょう。

バリエーション1

「やまごやいっけんありました」の歌詞の部分のみを、
1番は、「大きい山小屋ありました」（終りまで大きい声で）
2番は、「中くらいの山小屋ありました」（終りまで中くらいの声で）
3番は、「小さい山小屋ありました」（終りまで小さい声で）
と、変えて歌ってみましょう。
ここでは、大・中・小の山小屋と声の強弱を表現しながら遊びましょう。

バリエーション2

こっちからうさぎが

作者不詳
編曲　吉野幸男

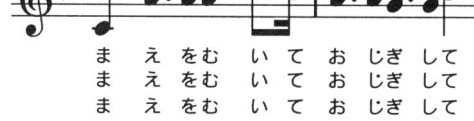

こっちからうさぎが　でてきたよ　みみをそろえて　ピョンピョンピョン
こっちからきつねが　でてきたよ　みみをそろえて　コンコンコン
こっちからライオンが　でてきたよ　たてがみなびかせ　ガオガオガオ

まえをむいて　おじぎして　ピョンピョンピョンピョン　さようなら
まえをむいて　おじぎして　コンコンコンコン　さようなら
まえをむいて　おじぎして　ガオガオガオガオ　さようなら

遊び方

①こっちからうさぎが　②でてきたよ　③みみをそろえて　④ピョンピョンピョン

⑤まえをむいて　⑥おじぎして　⑦ピョンピョンピョンピョン　⑧さようなら

うさぎ
きつね 
ライオン

指導のポイント

・「山小屋いっけん」の替え歌です。リズムは、歌詞に合わせて変えてみました。
・この指あそびは、うさぎ、きつね、ライオンの他に、子ぶた、子ねこ、子うまなど、あるいは、子どもの要求に合わせて工夫しながら遊ぶとおもしろいでしょう。

（3歳～5歳）

かたづけマン

詞 佐倉智子
曲 おざわたつゆき

かたづけマンは ちからもち かたづけマンは はやいぞ
ごみも おもちゃも あっというまに かたかたかたかた
かたづけちゃうよ ビーム シュワッチ

遊び方

初めに、次の動作を覚えましょう。

a. シュワッチ 
額にチョキの
形を当てる

b. シュワッチ 
手を交差させる

c. シュワッチ 
右手を立て左手を
直角に添える

①かたづけマンは

全員で拍手を
4回する

②ちからもち

ガッツポーズをする

③かたづけマンは

①と同じ

④はやいぞ

両手を右から
左へ素早く動かす

⑤ごみもおもちゃも

①と同じ

⑥あっというまに

びっくりした
動作をする

⑦かたかたかたかた
　かたづけちゃうよ

曲に合わせ両手を肩、下、肩、下と動かす

⑧ビーム

保育者は手を前に伸ばし「ビーム」と好きな長さだけ
手を左右に振りながら言う
みんなもこれを真似しシュワッチで前頁の動作をする

（指導のポイント）

・保育者と子ども全員で向き合って、歌の最後にかたづけマン（保育者）が三つの
　動作のうちの一つを「シュワッチ」のかけ声と同時にします。
・かたづけマンと同じ形になったら負けにすることにして、3回勝負をしたり、
　負けた人から座ってもらったり、かたづけを手伝ってもらったりします。

(3歳～5歳)

たまごでおりょうり
(たまごをポン)

詞　佐倉　智子
曲　小鳩くるみ

1. たまごをポン と わりまして そのままたべたら なまたまご

[3ばん2回4ばん3回]
2. たまごをポン　たまごをポン と わりまして ジュージューやいたら めだまやき
3. たまごをポン　たまごをポン と わらないで グラグラゆでたら ゆでたまご
4. たまごをポン　たまごをポン と わりまして ふっくらやいたら ホットケーキ

[2.3.] [4.]
おおきなまあるい ホットケーキ

遊び方

(1番)

① たまごをポンと 
両手を開き「ポン」で拍手をする

② わりまして
両手で膝打ちを1回して掌を上に向けて肩横に広げる

③ そのままたべたら
両手を上からキラキラさせながら下ろす

④ なまたまご
チョキの右手を箸に左手を茶碗に見立てて食べる動作をする

（2番）1番に準じる
　　　　ただし2番は「たまごをポン」が2回になり
　　　　めだまやきは親指と人差し指で輪を作り
　　　　めがねのように目に当てる

（3番）

「たまごをポン」が3回になり
「ポン」の手合わせを3回ともから振りさせる

わらないでの「で」は
右手を左右に振る

「ゆでたまご」はグー
にして右手と左手を交互に前へ出す

（4番）「たまごをポン」が4回になり
　　　　ホットケーキは両手で頭上に
　　　　大きな輪を作る

指導のポイント

・たまごの数が1個、2個、3個、4個と増えます。
・「たまごをポン」と割る時は、大きく拍手をします。
・3番のゆでたまごは、割らないで「たまごをポン」の「ポン」はから振りにしますが、
　子どもたちが、大喜びで思わず拍手をしてしまいそうになります。
・「ポン」のところは、大きく明るく歌いましょう。
・終りに「いただきまーす」を入れてもよいでしょう。

(3歳～5歳)

ぶたが道をいくよ

作者不詳

歌詞:
ぶた が みち を いく よ ブン チャッチャ ブン チャッチャ
む こう から く る ま が く る よ ブン チャッチャ ブン チャッチャ
ぶ た は ぶつ かる の が い や だ か ら
く る ま を よ け て い く よ ブン チャッチャ ブン チャッチャ

遊び方

①ぶたが

②みちをいくよ

③ブンチャチャブンチャチャ

④むこうから

⑤くるまがくるよ

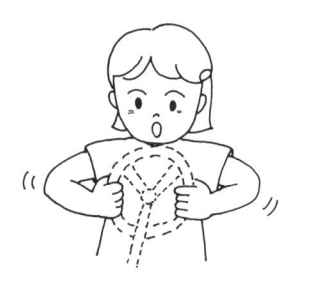

⑥ブンチャチャブンチャチャ

③と同じ

⑦ぶたは　　　　　　⑧ぶつかるのがいやだから 　　　⑨くるまを

⑩よけて 　　　　　　⑪いくよ 　　　　　　　　　　⑫ブンチャチャブンチャチャ

> **バリエーション１**

・乗り物を変えて遊びましょう。
　　ぶたがみちをいくよ　ブンチャチャ　ブンチャチャ
　　むこうからダンプカーがくるよ　ブンチャチャ　ブンチャチャ
　　ぶたはぶつかるのがいやだから
　　ダンプカーをよけていくよ　ブンチャチャ　ブンチャチャ

・好きな乗り物に変えてみましょう
　　ぶたがみちをいくよ　ブンチャチャ　ブンチャチャ
　　むこうからさんりんしゃがくるよ　チリン　チリン　リンリンリン
　　ぶたはさんりんしゃがすきだから　（♩　　♩　　♫　♩）
　　さんりんしゃをかりていくよ　チリン　チリン　リンリンリン

> **バリエーション２**

ブンチャチャのかけ声だけを受持つグループを作り、遠近感で遊ぶのも
おもしろいでしょう。かけ声をだんだん大きくして近づいたり、だんだん
小さくして遠ざかり、教室から出て行ったりします。

(3歳〜5歳)

八百屋のお店

作詞者不詳
フランス曲

やおやの おみせに ならんだ しなもの みてごらん
よくみてごらん かんがえてごらん
1. キャベツ(キャベツ)
2. ニンジン(ニンジン)
3. トマト(トマト)
アー アー

遊び方

①やおやのおみせにならんだしなもの

輪になって座り、手拍子を一つしては隣の人の手と合わせる動作を続ける。

指導のポイント

・品物を順番に一つずつ言い、その直後、全員で復唱します。二人目、三人目と一つずつ品物が増えていきます。
・品物の数を幾つくらいまで増やせるのか、クラスの様子で判断してください。

（0歳～3歳）

②みてごらん

人差し指と親指で輪を作り
めがねを表現する

③よくみてごらん

②のまま首を左右に振る

④かんがえてごらん

両腕を前に組み
首を左右に振り
考える動作をする

⑤
　　　（一人）キャベツ
　　　（全員）キャベツ

⑥アーアー

高い音のアーで両手を上にあげ
低い音のアーで両手を下げる

バリエーション１

お店を変えてみましょう。
　果物屋さん
　お魚屋さん
　お花屋さん
　お菓子屋さん

バリエーション２

それぞれのお店の最後に、次のような「閉店の歌」を加えてみましょう。
　やおやのおみせにならんだしなものうりきれた
　よくみてごらん　なんにもないよ
　「へいてんでーす」　アーアー

（3歳～5歳）
くいしんぼゴリラのうた

詞　阿部直美

> **遊び方**

下の歌詞を自由に唱えながら遊びます。下線部分にアクセントをつけながら唱えると楽しさがよく表現できます。

（1番）　①くいしんぼなゴリラが　②バナナをみつけた　③かわむいてかわむいて

①と②で手拍子1拍と相手と3回手を合わせる動作を2回繰り返す

皮をむく動作をする

④パックンとたべた　⑤ドンドコドンドン　⑥おー　⑦うまい

手を口元にもっていき食べる真似をする

胸を交互に叩く

両手を広げて上げる

頬をおさえる

1. くいしんぼなゴリラが
 バナナをみつけた
 かわむいてかわむいて
 パックンとたべた
 ドンドコドンドン
 おーうまい

2. くいしんぼなゴリラが
 レモンをみつけた
 かわむいてかわむいて
 パックンとたべた
 ドンドコドンドン
 おーすっぱい

3. くいしんぼなゴリラが
 たまねぎみつけた
 かわむいてかわむいて
 かわむいてかわむいて
 （首をかしげる）
 たべるところがなくなった
 ドンドコドンドン　ウェーン

（2番）　①くいしんぼなゴリラが　②レモンをみつけた　③かわむいてかわむいて

1番の①②と同じ

④パックンとたべた　　⑤ドンドコドンドン　　⑥おーすっぱい

1番の④と同じ　　　1番の⑤と同じ

（3番）　①くいしんぼなゴリラが ┐
　　　　②たまねぎみつけた　　├ 2番の①②③と同じ
　　　　③かわむいてかわむいて ┘
　　　　④1番の④⑤を「かわむいてかわむいて」
　　　　　の歌詞に変え何度も繰り返し皮をむく動
　　　　　作そする

⑤たべるところがなくなった
　ドンドコドンドン
　ウェーン

泣く真似をする

バリエーション

作曲者不詳

くいしんぼうな　ゴリラが　｛バナナを／レモンを／たまねぎ｝　みつけた　かわむいて

かわむいて　パクリと　たべた　ドンドコドンドン　ドンドコドンドン　｛おーうまい／おーすっぱい／たべるところがなくなった｝

指導のポイント

・「おーうまい」「おーすっぱい」「たべるところがなくなった」などは、動作も表情も多少大袈裟にすると楽しいでしょう。
・バリエーションの3番の「かわむいてかわむいて」のあとは唱えたうたの3番を参考に、工夫して楽しみましょう。たとえば「アレッ！」を入れたり、「ドンドコドンドン」を省略したりなど。
・「ふしぎなポケット」のメロディーに合わせて遊んでみましょう。

<執筆・編集者略歴>

吉野幸男（よしのゆきお）
　北海道出身。北海道学芸大学（現北海道教育大学）特設音楽科卒業。現在、國學院短期大学教授、全国大学音楽教育学会理事長、同北海道地区学会名誉会長。
　「うたってひこう」「うたってひこう2」「あたらしい音楽表現」「NEW うたって ひこう」音楽之友社、共著、「ピアノテキスト」「表現のためのやさしいピアノ即興演奏」ドレミ楽譜出版社、共著。

澤田直子（さわだなおこ）
　北海道出身。北海道学芸大学（現北海道教育大学）卒業。現在、拓殖大学北海道短期大学助教授、全国大学音楽教育学会事務局長、同北海道地区学会会長。
　「うたってひこう」「うたってひこう2」「あたらしい音楽表現」音楽之友社、共著、「ピアノテキスト」「表現のためのやさしいピアノ即興演奏」ドレミ楽譜出版社、共著。

木村博子（きむらひろこ）
　青森県出身。国立音楽大学声楽学科卒業。現在、青森明の星短期大学助教授。
　「音楽リズムのためのピアノ奏法」学術図書出版社、「あたらしい音楽表現」音楽之友社、共著、「ピアノテキスト」「表現のためのやさしいピアノ即興演奏」ドレミ楽譜出版社、共著。

相澤保正（あいざわやすまさ）
　大阪府出身。北海道学芸大学（現北海道教育大学）特設音楽課程卒業。現在、弘前福祉短期大学教授、全国大学音楽教育学会副理事長、同東北地区学会会長。元東北女子短期大学教授。
　「表現II」チャイルド社、「あたらしい音楽表現」音楽之友社、共著、「表現のためのやさしいピアノ即興演奏」ドレミ楽譜出版社、共著。

石井芳雄（いしいよしお）
　北海道出身。岩手大学学芸学部（現教育学部）音楽科卒業。現在、修紅短期大学教授、全国大学音楽教育学会東北地区学会顧問。

松原靖子（まつばらやすこ）
　東京都出身。東京芸術大学音楽学部楽理科卒業。現在、聖和学園短期大学教授。
　「初期音楽の宝庫」音楽之友社、共訳、「うたってひこう」「うたってひこう2」「あたらしい音楽表現」音楽之友社、共著、「ピアノテキスト」「表現のためのやさしいピアノ即興演奏」ドレミ楽譜出版社、共著。

松村万里子（まつむらまりこ）
　群馬県出身。宮城学院女子大学音楽科卒業。宮城県立保育専門学院主査を経て現在、聖和学園短期大学助教授。

田中常夫（たなかつねお・筆名：田中常雄）
　神奈川県出身。東京音楽大学器楽研究科修了。コロンビア大学大学院教育学部音楽科留学。元、一宮女子短期大学教授。現在、信州豊南短期大学幼児教育学科教授。
　「たのしくあそべるこどもの合奏」圭文社、「たのしく遊べるこどものうた」スズキ出版、「幼児と音楽リズム」相川書店、「あたらしい音楽表現」音楽之友社、共著、「ピアノテキスト」「表現のためのやさしいピアノ即興演奏」ドレミ楽譜出版社、共著。

◎イラスト
伊藤整子（いとうせいこ）
　青森県出身。青森明の星短期大学幼児教育学科卒業。元青森明の星短期大学附属幼稚園 教諭。

さくいん（歌いだし五十音順）

あ	あたごやまこえて ……………… 13		これくらいのおべんとばこに …… 78
	あたまかたひざあしとて ………… 69		コロコロたまごはおりこうさん …… 40
	あたまかたひざポン ………… 42		ごんべさんのあかちゃんが ……… 62
	あたまのうえでパン ………… 72	**さ**	さかながはねてピョン ……… 46
い	いちのゆびとうさん ……………… 20	**せ**	せっせっせーのヨイヨイヨイ …… 24
	いっぽんばしコチョコチョ ……… 14	**た**	たまごたまごがパチンとわれて …… 28
	いっぽんばしいっぽんばし ……… 54		たまごをポンとわりまして ……… 90
	いっちょうめのウルトラマン …… 65	**ち**	ちいさなにわをよくたがやして … 58
	いっちょめのドラねこ ………… 66		ちょちちょちあわわ ……………… 10
	いっぴきのカエル ………………… 52	**て**	てんぐのうちわでパタパタ ……… 9
	いっぴきののねずみが ………… 50		てんぐのはなはながいぞ ………… 30
	いとまきまきいとまきまき ……… 44	**と**	とんとんとんとんひげじいさん …… 36
	いわしのひらきが ………………… 80	**に**	にんじんたまねぎ ………………… 82
え	エイトエイトエイトマンゴーゴー … 70	**は**	ハナハナハナハナみみ …………… 8
	エレベーターでのぼりましょう … 21		はちべえさんとじゅうべえさんが …… 26
お	おちたおちた ……………………… 48		パンパンパンやさんにおかいもの …… 38
	おでことおでこをくちゅくちゅ …… 16		パンやにいつつのメロンパン …… 84
	おとうさんがかけてきて ………… 74	**ひ**	ピヨピヨちゃんなんですか ……… 32
	おはぎがおよめにゆくときは …… 64	**ふ**	ぶたがみちをいくよ ……………… 92
か	かたづけマンはちからもち ……… 88	**ほ**	ぼうずぼうずひざぼうず ………… 17
	かなづちトントン ………………… 56	**ま**	まほうのつえですよ ……………… 19
	かにさんとかにさんが …………… 68		まほうのゆびだよ ………………… 18
き	キャベツはキャッキャッキャッ …… 76	**や**	やおやのおみせにならんだ ……… 94
く	くいしんぼうなゴリラが ………… 96		やまごやいっけんありました …… 86
	グーチョキパーでグーチョキパーで …… 60	**ゆ**	ゆきのこぼうずゆきのこぼうず …… 45
	くもちゃんゆらゆら ……………… 23		ゆびのゆびのかくれんぼ ………… 22
こ	ここはとうちゃんにんどころ …… 12	**ろ**	ロンドンばしおちる ……………… 43
	こっちからうさぎがでてきたよ …… 87	**わ**	わたしはねこのこねこのこ ……… 34

ピアノ伴奏によるこどもの歌
Children's Songs With Piano Accompaniment

やさしい こどものうたとあそび
こどもの保育に欠くことのできないあそび歌を、ふだんの暮らしの中にとりいれたいという考えから、こどもたちが自然に楽しく溶け込めるように工夫されています。生活あそびのうた、行事のうた、わらべうた、その他こどもたちに一番ふさわしいうたの数々を、月別に選びました。

小林つや江 他 共編　192 頁　定価（本体 1,400 円＋税）

やさしいピアノ伴奏 保育名歌 101
ピアノが上手に弾けないとお悩みの保育士さんやお母様方にも、気軽に弾いて歌ってこどもたちと楽しい時間をより多く過ごしていただくため、とてもやさしい伴奏にしました。季節的に選曲できるよう目次に明記し、内容はやさしい曲順に掲載されています。

西崎嘉太郎・内田博子・今村紘司 編著　120 頁　定価（本体 1,300 円＋税）

簡易ピアノ伴奏による 実用 こどもの歌曲 200 選
こどもの歌も年々新しいヒット曲が生まれてきます。「みんなのうた」「おかあさんといっしょ」「ひらけ！ポンキッキ」、アニメ主題歌などのヒット曲を加え、さらに現場で使いやすい 200 曲を収載。
【曲目】おふろのうた／アンパンマンのマーチ／メリーさんのひつじ／他

松山祐士 編　248 頁　定価（本体 1,600 円＋税）

簡易伴奏による こどもの歌ベストテン〈改訂新版〉
全国の幼稚園・保育園の先生方のアンケート回答により子供達の大好きな歌を「毎日のうた」「春のうた」「行事のうた」など項目別に分類し、ベストテン上位の曲を選びました。本当に子供達が好きな曲、歌わせたい曲が満載。
【曲目】おべんとう／アイ アイ／旅立ちの日に／レット・イット・ゴー／他

板東貴余子 編　152 頁　定価（本体 1,200 円＋税）

楽しい子供の歌シリーズ 世界のこどものうた特集〈簡易ピアノ伴奏〉
子供達がよく知っている「世界の名歌」の他、ルビが付き本格的な英語で歌える英語のポピュラー・ソング、ディズニーの名曲などを選りすぐり収載しています。簡易ピアノ伴奏付きなので、幼稚園や保育園で使う副教材としても最適です。

松山祐士 編　120 頁　定価（本体 1,500 円＋税）

保育者のための ピアノでうたえる歌曲集 子どものうた村 保育の木
保育の現場で子どもたちが先生のピアノ伴奏を通じて生の音を感じ、歌で表現することを楽しみながら、感性や創造力を高めていくことに主眼を置き、四季や生活、動物の歌等を中心に、保育の現場でよく歌われている曲を選曲、収載しました。原曲のイメージを尊重しながらも、色々なリズムを楽しめる編集。ピアノはバイエル 60 番～ブルクミュラー 25 番程度のアレンジです。コードネーム付き。

小川宜子・妹尾美智子・麓 洋介 編　208 頁　定価（本体 1,800 円＋税）

楽しい子供の歌シリーズ たのしいあそびうた特集〈簡易ピアノ伴奏〉
幼稚園や保育園での生活やあそびに利用できる「園の生活のうた」「あそびうた」「リトミック・ノート」など盛り沢山の内容を掲載しています。簡易ピアノ伴奏付きなので、副教材としても最適です。
【曲目】いちねんせいになったら／げんこつやまのたぬきさん／うさぎ／他

松山祐士 編　128 頁　定価（本体 1,400 円＋税）

保育のために こどものうた 140 選
保育の先生や保育科の学生のアンケートに基づいて選曲されており、現代のこどもの感覚に受け入れられやすい楽曲が収録されています。現場で使いやすく、ピアノ初心者に最適と思われるところに指番号を入れ、コードネームをつけた 3 つの特長があります。

和田葉子 他・共編　184 頁　定価（本体 1800 円＋税）

ピアノ伴奏 子どもの歌名曲選
こども達によく歌われている歌、幼稚園や学校などで人気の高い曲ばかりを集めました。ピアノ伴奏が付き、保育科の学生さんの副教材としても最適です。全 101 曲。
【曲目】おとうさんのうた／うみ／トトトのうた／おもちゃのマーチ／他

足羽 章 編　224 頁　定価（本体 1,500 円＋税）

簡易ピアノ伴奏による こどもの歌名曲アルバム
動物、植物、自然、行事など 12 のジャンルに分けた歌を、できるだけ調号の少ない調を選んだ上で、バイエル終了程度でも楽に弾けるようなやさしいピアノ伴奏付きで収めました。季節や年間行事に合わせてご活用ください。全 218 曲。全曲コードネーム付き。

松山祐士 編　272 頁　定価（本体 1,600 円＋税）

こどもとたのしく「弾き歌い」幼稚園・保育園のうた／ピアノ伴奏曲集
幼稚園、保育園などの教育現場でのピアノ弾き語り曲集です。ピアノ初心者の方も短時間で効率的に弾き歌いを習得できます。初見で迷う「指使い、強弱、テンポ...etc.」も「指番号」をはじめ伴奏のヒントやアドバイスで的確に解説。なかなかピアノの練習ができない現場指導者必携！

本廣明美・加藤照恵 共編　144 頁　定価（本体 1,600 円＋税）

やさしいピアノ伴奏付 保育名歌 200 選
誰もが知っている童謡や、子供達に人気の高いアニメ・ソングなど、保育名歌 200 曲を厳選。弾きやすく易しい伴奏で、保育現場や保育科の学生の方々に最適の選曲になっています。こども達の元気な歌声を響かせて下さい。
【曲目】さんぽ／マル・マル・モリ・モリ！／ドコノコノキノコ／他

原 賢一 編　320 頁　定価（本体 2,000 円＋税）

保育のために みんなでうたおう こどもの歌
こどもが大好きな歌約 145 曲を、四季の歌・外国の歌・合唱曲・あそびうたに分けて編集してあり、TPO にあわせて選曲がしやすくなっています。幼稚園の先生、保育士さん志望の学生に最適の一冊です。
【曲目】きらきら星／ジングルベル／大きな栗の木の下で／他

熊谷周子・他 共編　232 頁　定価（本体 2,000 円＋税）

保育名歌 こどものうた 100 選
古くから歌い継がれ、今なお親しまれている歌や、新しい感覚の歌まで収録しています。幼いこどもから小・中学生まで広くご利用いただけます。
【曲目】アマリリス／さくらさくら／しゃぼん玉／たきび／春の小川／他

西崎嘉太郎 編　216 頁　定価（本体 1,400 円＋税）

DOREMI　【弊社出版物ご注文方法】楽器店・書店などの店頭で品切れの場合は、直接販売店でご注文いただくか、弊社営業部 (Tel 03-5291-1645) までお問い合わせ下さい。インターネットでの商品検索・購入も可能です。弊社ホームページ http://www.doremi.co.jp/ をご覧下さい。尚、流動商品につき、品切れ、及び定価が変わる場合がありますので、ご了承下さい。

ドレミ楽譜出版社 ピアノ伴奏付 名歌選集シリーズ

日本抒情歌全集 [1][2][3][4]

長田暁二 編
B5判 [1] 534頁 [2] 560頁 [3] 544頁 [4] 648頁
定価 [1]～[3] 各(本体3,500円+税) [4](本体3,800円+税)

親しみ深い抒情歌を網羅した本格的全集です。今まで四散していたものを一挙に集め、ピアノ伴奏譜を付けました。
【曲目】[1巻] 埴生の宿／夏は来ぬ／しゃぼん玉／背くらべ／バラが咲いた／他全200曲 [2巻] さくらさくら／曼珠沙華／こんにちは赤ちゃん／てんとう虫のサンバ／他全200曲 [3巻] MI・YO・TA／北風小僧の寒太郎／さとうきび畑／愛燦燦／卒業写真／他全160曲 [4巻] 金剛石／水は器／涙くんさよなら／真赤な太陽／ハナミズキ／他全142曲

世界抒情歌全集 [1][2][3]

長田暁二 編
B5判 [1] 376頁 [2] 328頁 [3] 336頁
定価 各(本体3,000円+税)

日本でも多くの人々が歌い、親しんでいる世界各国の抒情歌を、ジャンルにこだわることなくセレクトしました。広い世界に目を向け、多彩な国の音楽を収載。1巻はヨーロッパ諸国、2巻はアメリカを中心に中南米、東アジア諸国、ロシア、北欧、3巻は、皆様から寄せられた希望を中心に全世界の名曲を分冊で収載しました。
【曲目】[1巻] グリーンスリーブス／パリの空の下／私の太陽／他全99曲 [2巻] 蒲田行進曲／ブルー・ハワイ／星に願いを／黒い目／他全98曲 [3巻] 明日に架ける橋／家路／故郷の廃家／イパネマの娘／他全93曲

日本童謡唱歌全集

足羽章 編
B5判 544頁 定価(本体2,800円+税)

明治初年に政府がわが国へ西洋音楽を導入してから100年余りが過ぎました。その間に生まれた無数の子供の歌の中から、現在もよく歌われている曲を選んで収録。
【曲目】アイアイ／赤蜻蛉／アマリリス／一寸法師／いぬのおまわりさん／うさぎとかめ／うれしいひなまつり／かえるのうた／かごめかごめ／サッちゃん／証城寺の狸囃子／ずいずいずっころばし／てるてる坊主／ねこふんじゃった／むすんでひらいて／他全270曲

日本歌曲選集

伊藤玲子 編
B5判 128頁 定価(本体1,000円+税)

日本の音楽史の宝とも言える歌曲の中から、誰にもよく知られている珠玉の抒情名歌ばかりを収録。曲名、歌詞については、現代人向けに当用漢字、現代かな遣いを原則に編集しました。
【曲目】荒城の月／早春賦／通りゃんせ／待ちぼうけ／赤とんぼ／この道／からたちの花／花嫁人形／ふるさとの／叱られて／浜千鳥／城ヶ島の雨／宵待草／椰子の実／水色のワルツ／ちいさい秋みつけた／雪の降る町を／竹田の子守唄／仰げば尊し／他全64曲

世界名歌選集

伊藤玲子 編
B5判 168頁 定価(本体1,500円+税)

世界各国の名歌の中から日本でもよく知られた歌いやすい曲を選び、各国・各地方ごとに分類して収載しました。歌詞は可能な限り母国語を採用し、従来は1番しか紹介されていなかったものも2番、3番まで掲載。
【曲目】楽に寄す／アヴェ・マリア(Schubert)／歌のつばさに／菩提樹／ますはすの花／ローレライ／野薔薇／野ばら／聖夜／愛／ラルゴ／ソルヴェイグの歌／シューベルトのセレナーデ／ブラームスの子守歌／モーツァルトの子守歌／シューベルトの子守歌／アニー・ローリー／蛍の光／他全70曲

日本童謡選集

伊藤玲子 編
B5判 128頁 定価(本体1,000円+税)

懐かしく心に温かい童謡を集め、一曲ごとに解説も付けました。便利な歌い出し索引付きです。
【曲目】どこかで春が／春よ来い／うぐいす／春が来た／うれしいひな祭り／春の小川／チューリップ／赤い鳥小鳥／ことりのうた／めだかの学校／こいのぼり／おぼろ月夜／月の砂漠／蛍／われは海の子／とんぼのめがね／夕焼小焼／七つの子／どんぐりころころ／赤い靴／肩たたき／汽車ポッポ／うさぎ／故郷／紅葉／富士山／たき火／お正月／他全65曲

美しい日本の子どものうた

河原美津穂・丹羽みどり 共編
B5判 208頁 定価(本体1,500円+税)

歴史と伝統の中で歌い継がれ、残されてきた数多くの子どもの歌の中から厳選し、やさしいピアノ伴奏を付けた曲集です。各曲にまつわる解説を付けてあり、お話にもご活用いただけます。
【曲目】あがり目さがり目／あんたとどこさ／一匁の一助さん／大寒小寒／お山の大将／かくれんぼ／かごめ かごめ／肩たたき／汽車ポッポ／金魚の昼寝／叱られて／しゃぼん玉／十五夜お月さん／ずいずいずっころばし／酸模の咲く頃／てるてる坊主／通りゃんせ／他全100曲

フォスター歌曲選集

松山祐士 編
B5判 128頁 定価(本体1,600円+税)

フォスターの歌曲全160数曲のうち、最も愛唱されている40曲を厳選、新編集。全曲にピアノ伴奏と日本語訳詞、解説文付き。
【曲目】窓ひらき給え／ルイジアナ美人／おお！スザンナ／遥か南へ／ネッド伯父／ネリー・ブライ／ドルシー・ジョーンズ／草競馬／さらば、懐しのリリー／故郷の人々／静かに眠れる麗しの君／なつかしきケンタッキーの家よ／金髪のジェニー／やさしきアニー／オールド・ブラック・ジョー／愛らしきブレアー／夢路より／グレンディー・バーク号／他全40曲

DOREMI 【弊社出版物ご注文方法】楽譜店・書店などの店頭で品切れの場合は、直接販売店でご注文いただくか、弊社営業部(Tel 03-5291-1645)までお問い合わせ下さい。インターネットでの商品検索・購入も可能です。弊社ホームページ http://www.doremi.co.jp/ をご覧下さい。尚、流動商品につき、品切れ、及び定価が変わる場合がありますので、ご了承下さい。

子どもに大人気	
手あそび 指あそび〈改訂版〉	定価（本体1,200円＋税）

編 著 者	執筆・編集代表　吉野幸男（よしのゆきお）
表紙イラスト	©大八木恵子／ARTBANK
発 行 日	1998年12月30日 初版発行
	2005年 1月30日 改訂
	2019年 2月20日 改訂16刷
発 行 者	山下　浩
発 行 所	株式会社ドレミ楽譜出版社
	〒171-0033　東京都豊島区高田3-10-10 4F
	営業部　　Tel 03-5291-1645 / Fax 03-5291-1646
	編集部　　Tel 03-3988-6451 / Fax 03-3988-8685
	ホームページURL　http://www.doremi.co.jp／
	ISBN 978-4-285-10181-2　　JASRAC出0417500-916

（許諾番号の対象は、当該出版物中、当協会が許諾できる著作物に限られます。）

©無断複製、転載を禁じます。●万一、乱丁や落丁がありました時は当社にてお取り替えいたします。
●本書に対するお問い合わせ、質問等は封書又は〈e-mail〉faq@doremi.co.jp（携帯不可）宛にお願い致します。

皆様へのお願い

楽譜や歌詞・音楽書などの出版物を権利者に無断で複製（コピー）することは、著作権の侵害（私的利用など特別な場合を除く）にあたり、著作権法により罰せられますと、また、出版社からの不法なコピーが行われますと正常な出版活動が困難となり、ついには皆様が必要とされるものも出版できなくなります。音楽出版社と日本音楽著作権協会（JASRAC）は、著作権者の権利を守り、ないっそう優れた作品の出版普及に全力をあげて努力してまいります。どうか不法コピーの防止に、皆様方のご協力をお願い申し上げます。

株式会社ドレミ楽譜出版社
一般社団法人 日本音楽著作権協会（JASRAC）

弊社出版物のご注文方法
楽器店・書店等の店頭で品切れの場合は直接販売店にご注文下さい。尚、通信販売ご希望の場合は下記にお問い合わせ下さい。
通信販売窓口　●弊社ホームページ http://www.doremi.co.jp／　●弊社営業部 TEL 03-5291-1645